Cores na negociação: como usar a psicologia das cores para influenciar e persuadir

Copyright © 2024 Reginaldo Osnildo
Todos os direitos reservados.

APRESENTAÇÃO 4
O PODER DAS CORES NA COMUNICAÇÃO 8
FUNDAMENTOS DA PSICOLOGIA DAS CORES 12
CORES E PRIMEIRAS IMPRESSÕES..................................18
O USO DE CORES EM MARKETING E BRANDING...........24
O SIGNIFICADO DAS CORES EM DIFERENTES CULTURAS
....31
CORES VERMELHO E AMARELO: ENERGIA E ATENÇÃO.37
O AZUL NA CONFIANÇA E SEGURANÇA.........................45
VERDE PARA HARMONIA E CRESCIMENTO 52
O PODER CALMANTE DO AZUL CLARO.........................59
ROSA PARA TRANQUILIDADE E ACOLHIMENTO...........66
O BRANCO PARA CLAREZA E SIMPLICIDADE 73
O PRETO PARA SOFISTICAÇÃO E LUXO.........................80
CORES VIBRANTES PARA INOVAÇÃO 87
UTILIZANDO AS CORES PARA ENCERRAR NEGOCIAÇÕES
....94
CORES E A SALA DE NEGOCIAÇÕES 100
ACESSÓRIOS E VESTUÁRIO NAS NEGOCIAÇÕES..........106
PERSONALIZANDO CORES PARA PÚBLICOS ESPECÍFICOS
....114
A APLICAÇÃO DE CORES NO DESIGN DE WEBSITES PARA
NEGÓCIOS E E-COMMERCE..120

PSICOLOGIA DAS CORES EM APRESENTAÇÕES 126

ESTRATÉGIAS PARA ESCOLHER CORES EM MATERIAIS DE PUBLICIDADE IMPRESSA 132

TESTES A/B COM CORES... 139

EVITANDO ERROS COMUNS COM CORES 145

CORES E ACESSIBILIDADE: GARANTINDO INCLUSÃO EM SUAS COMUNICAÇÕES 152

INTEGRANDO CORES NA ESTRATÉGIA DE COMUNICAÇÃO 158

CAPÍTULO BÔNUS: APLICAÇÃO DIÁRIA DE CORES NÃO CONVENCIONAIS 164

CAPÍTULO BÔNUS: VESTINDO-SE PARA O SUCESSO ... 170

REGINALDO OSNILDO... 179

APRESENTAÇÃO

Bem-vindo a "**Cores na negociação: como usar a psicologia das cores para influenciar e persuadir**". Se você é um profissional de negócios, marqueteiro ou negociador, está prestes a descobrir um recurso valioso que pode transformar suas habilidades de comunicação e negociação.

Você já se perguntou como as cores ao seu redor influenciam suas emoções, percepções e decisões? Imagine poder aplicar esse conhecimento de maneira estratégica para alcançar resultados mais favoráveis em suas interações profissionais. Este livro foi cuidadosamente elaborado para oferecer a você insights práticos e atualizados sobre a psicologia das cores, ajudando a melhorar sua capacidade de influenciar e persuadir.

A cada página, você encontrará uma abordagem clara e direta sobre como as cores podem ser um diferencial estratégico. Baseado em teorias sólidas da psicologia das cores e repleto de exemplos práticos, vamos explorar juntos como usar as cores para moldar percepções, reforçar mensagens e alcançar seus objetivos de comunicação.

O que você pode esperar deste livro? Primeiro, uma exploração detalhada sobre como as cores influenciam percepções e comportamentos. Em seguida, uma introdução às teorias fundamentais da psicologia das cores, que serão a base para entender o poder das cores nas suas interações. Cada capítulo foi projetado para ser prático e aplicável, oferecendo dicas e estratégias que você pode implementar imediatamente.

Vamos também analisar como cores específicas como vermelho, amarelo, azul, verde, entre outras, podem ser usadas em diferentes contextos para transmitir mensagens específicas, como confiança, urgência, harmonia e segurança. Você aprenderá a usar essas cores de maneira eficaz em diversas situações, desde a criação de marcas e campanhas de marketing até negociações complexas e apresentações.

Além disso, abordaremos como as cores são percebidas em diferentes culturas e como isso pode impactar suas comunicações globais. Vamos explorar a aplicação de cores em ambientes físicos, vestuário, websites, materiais de apresentação e publicidade impressa, garantindo que você tenha uma visão abrangente de como utilizar as cores em sua estratégia de comunicação.

Prepare-se para embarcar em uma jornada fascinante onde você descobrirá o poder oculto das cores e como elas podem ser suas aliadas na construção de uma imagem mais persuasiva e influente. Cada capítulo será um passo adiante nessa jornada, e ao final de cada um, você encontrará um convite para continuar explorando o próximo tema, garantindo uma leitura envolvente e contínua.

Este livro é seu guia para dominar a psicologia das cores e aplicá-la de maneira estratégica em suas negociações e comunicações. Vamos começar essa transformação juntos? Abra a mente, inspire-se e prepare-se para ver o mundo e suas interações sob uma nova perspectiva colorida. Você está prestes a descobrir como as cores podem ser a chave para o seu sucesso.

Atenciosamente

Reginaldo Osnildo

O PODER DAS CORES NA COMUNICAÇÃO

A comunicação é uma arte que envolve diversos elementos, e as cores desempenham um papel crucial nesse processo. As cores têm o poder de influenciar nossas emoções, moldar nossas percepções e direcionar nossos comportamentos de maneiras que muitas vezes não percebemos conscientemente. Neste capítulo, vamos explorar como as cores impactam a comunicação e como você pode usar esse conhecimento de forma estratégica para melhorar suas interações profissionais.

A INFLUÊNCIA DAS CORES NAS EMOÇÕES E COMPORTAMENTOS

As cores estão presentes em todos os aspectos de nossas vidas e têm a capacidade de evocar respostas emocionais poderosas. Por exemplo, você já notou como uma sala pintada de azul pode trazer uma sensação de calma, enquanto uma sala vermelha pode parecer mais estimulante e enérgica? Isso ocorre porque as cores têm associações psicológicas que afetam nossas emoções e comportamentos.

Quando você entende como as cores influenciam as pessoas, pode usar esse conhecimento para criar ambientes mais favoráveis e transmitir mensagens mais eficazes. Em negociações, a escolha da cor certa pode ajudar a estabelecer o tom da conversa, criar uma atmosfera de confiança e até mesmo influenciar a tomada de decisões.

A PSICOLOGIA DAS CORES NA COMUNICAÇÃO

A psicologia das cores estuda como as diferentes cores afetam a percepção humana. Este campo de estudo é essencial para quem deseja utilizar as cores de forma estratégica na comunicação e nas negociações. As cores podem ser usadas para atrair atenção, transmitir emoções específicas e reforçar mensagens importantes.

Por exemplo, o vermelho é frequentemente associado à paixão, energia e urgência. Pode ser usado para chamar atenção para pontos críticos em uma negociação ou para transmitir uma sensação de dinamismo. Já o azul é associado à calma, confiança e profissionalismo, sendo uma escolha ideal para situações que exigem credibilidade e tranquilidade.

APLICAÇÕES PRÁTICAS DAS CORES NA COMUNICAÇÃO E NEGOCIAÇÃO

Agora que você compreende a importância das cores na comunicação, é hora de explorar algumas aplicações práticas. A seguir, veremos como diferentes cores podem ser usadas em contextos específicos para alcançar os resultados desejados.

CRIAÇÃO DE PRIMEIRAS IMPRESSÕES

As primeiras impressões são formadas rapidamente e são fortemente influenciadas pelas cores. Em uma negociação, a escolha das cores pode afetar como você e sua mensagem são percebidos desde o início. Usar cores que transmitem confiança e profissionalismo, como o azul ou o cinza, pode ajudar a estabelecer uma base positiva.

DESTACANDO INFORMAÇÕES IMPORTANTES

Em apresentações e materiais de comunicação, as cores podem ser usadas para destacar informações cruciais. O uso estratégico de cores vibrantes como o vermelho ou o laranja pode ajudar a chamar atenção para pontos-chave, enquanto cores mais suaves podem ser usadas para informações de suporte.

CRIAÇÃO DE AMBIENTES FAVORÁVEIS

O ambiente físico onde ocorrem as negociações também pode ser influenciado pelas cores. Salas de reuniões decoradas com cores que promovem calma e foco, como o azul claro ou o verde, podem ajudar a criar um ambiente mais propício para discussões produtivas.

Neste capítulo, exploramos como as cores influenciam percepções e comportamentos na comunicação e nas negociações. Compreender o poder das cores é o primeiro passo para utilizá-las de forma estratégica.

No próximo capítulo, vamos mergulhar nos fundamentos da psicologia das cores.

FUNDAMENTOS DA PSICOLOGIA DAS CORES

Para usar as cores de forma eficaz em suas comunicações e negociações, é essencial entender as teorias e os princípios que sustentam a psicologia das cores. Neste capítulo, vamos explorar os fundamentos dessa ciência fascinante, que nos revela como e por que as cores têm um impacto tão profundo em nossas emoções e comportamentos.

O QUE É A PSICOLOGIA DAS CORES?

A psicologia das cores é o estudo de como as cores afetam a percepção humana. Ela examina como diferentes cores podem influenciar nossas emoções, pensamentos e comportamentos. Esse campo de estudo é amplamente utilizado em várias disciplinas, incluindo marketing, design, arte, moda e, claro, negociação e comunicação.

TEORIAS CLÁSSICAS DAS CORES

Duas das teorias mais influentes na psicologia das cores são a teoria das cores de Goethe e a roda das cores de Johannes Itten.

Teoria das cores de Goethe

Johann Wolfgang von Goethe, um escritor e cientista alemão, foi um dos primeiros a explorar a relação entre cores e emoções. Em sua obra "Teoria das Cores", Goethe propôs que as cores têm um impacto psicológico direto. Ele sugeriu que o vermelho, por exemplo, pode evocar sentimentos de energia e paixão, enquanto o azul pode induzir uma sensação de calma e serenidade.

Roda das Cores de Itten

Johannes Itten, um pintor e professor suíço, desenvolveu a roda das cores, uma ferramenta que ajuda a entender as relações entre diferentes cores. A roda das cores de Itten é composta por três cores primárias (vermelho, azul e amarelo), três cores secundárias (verde, laranja e roxo) e seis cores terciárias (resultantes da mistura de cores primárias e secundárias). Essa ferramenta é essencial para a criação de paletas de cores harmoniosas e para a aplicação estratégica das cores em diferentes contextos.

COMO AS CORES AFETAM AS EMOÇÕES E O PENSAMENTO

As cores têm a capacidade de evocar respostas emocionais específicas e de influenciar o pensamento de maneiras sutis, mas poderosas. Vamos explorar algumas das cores mais comuns e os efeitos que elas podem ter:

Vermelho

O vermelho é uma cor intensa e emocionante. É frequentemente associado à paixão, energia e urgência. Estudos mostram que o vermelho pode aumentar a frequência cardíaca e criar uma sensação de excitação. Em negociações, o vermelho pode ser usado para chamar atenção para pontos importantes ou para criar uma sensação de urgência.

Azul

O azul é uma cor calma e relaxante. Está associado à confiança, segurança e profissionalismo. O azul pode ajudar a reduzir o estresse e a ansiedade, criando um ambiente de confiança e tranquilidade. Em contextos de negócios, o azul é ideal para transmitir credibilidade e estabilidade.

Amarelo

O amarelo é uma cor brilhante e alegre. Está associado à felicidade, otimismo e criatividade. O amarelo pode estimular a mente e promover a inovação. No entanto, deve ser usado com moderação, pois pode ser cansativo para os olhos em grandes quantidades.

Verde

O verde é uma cor equilibrada e harmoniosa. Está associado à natureza, crescimento e estabilidade. O verde pode promover uma sensação de equilíbrio e calma. É uma excelente escolha para ambientes que visam promover a tranquilidade e o bem-estar.

Preto

O preto é uma cor poderosa e sofisticada. Está associado ao luxo, autoridade e mistério. O preto pode transmitir seriedade e elegância, mas também pode ser percebido como intimidador se usado em excesso.

Branco

O branco é uma cor pura e simples. Está associado à clareza, simplicidade e inocência. O branco pode criar uma sensação de espaço e limpeza. É ideal para transmitir transparência e simplicidade em comunicações.

APLICANDO A PSICOLOGIA DAS CORES NA PRÁTICA

Agora que você tem uma compreensão básica das teorias e dos efeitos das cores, vamos discutir como aplicar esse conhecimento em suas negociações e estratégias de comunicação.

Escolhendo a cor certa para cada situação

A escolha da cor deve ser alinhada com a mensagem que você deseja transmitir. Por exemplo, se você está apresentando uma nova ideia e quer transmitir inovação e criatividade, o amarelo pode ser uma boa escolha. Se você está buscando estabelecer confiança e profissionalismo em uma negociação importante, o azul seria mais adequado.

Combinando cores de forma eficaz

Usar cores de forma harmoniosa é essencial para criar uma comunicação visual agradável e eficaz. A roda das cores de Itten pode ser uma ferramenta útil para combinar cores de forma complementar, análoga ou triádica, criando paletas equilibradas e esteticamente agradáveis.

Consistência na identidade visual

Para fortalecer a identidade da sua marca ou mensagem, é importante ser consistente no uso das cores. Escolher uma paleta de cores que reflita os valores e a personalidade da sua marca e usá-la consistentemente em todos os materiais de comunicação ajuda a criar uma imagem coesa e reconhecível.

Com uma compreensão sólida dos fundamentos da psicologia das cores, você está agora preparado para explorar como essas cores podem moldar as primeiras impressões em uma negociação. No próximo capítulo, discutiremos como diferentes cores podem influenciar as percepções iniciais e ajudar a estabelecer o tom adequado desde o início da interação.

CORES E PRIMEIRAS IMPRESSÕES

As primeiras impressões são formadas em questão de segundos e têm um impacto duradouro em nossas interações. Em negociações, a primeira impressão pode definir o tom de toda a conversa, influenciando a percepção que as outras partes terão de você e da sua proposta. Neste capítulo, exploraremos como as cores podem moldar essas primeiras impressões e como você pode usar esse conhecimento para sua vantagem.

A IMPORTÂNCIA DAS PRIMEIRAS IMPRESSÕES

Primeiras impressões são construídas rapidamente, muitas vezes antes mesmo de você ter a chance de dizer uma palavra. Elas são baseadas em uma combinação de fatores visuais, auditivos e contextuais, e as cores desempenham um papel fundamental nesse processo. As cores que você escolhe para sua apresentação, ambiente ou vestuário podem influenciar a percepção inicial que as pessoas têm de você.

O PAPEL DAS CORES NA FORMAÇÃO DE IMPRESSÕES

As cores têm associações psicológicas que podem evocar emoções e percepções específicas. Quando usadas estrategicamente, elas podem ajudar a criar uma impressão positiva e favorável. Vamos explorar como diferentes cores podem ser usadas para moldar as primeiras impressões em diversas situações de negociação.

O IMPACTO DAS CORES NAS PRIMEIRAS IMPRESSÕES

Vermelho: energia e urgência

O vermelho é uma cor poderosa e intensa. Quando usada de maneira apropriada, pode transmitir energia, paixão e urgência. Em negociações, o vermelho pode ser eficaz para chamar atenção para pontos críticos e criar uma sensação de importância e dinamismo. No entanto, deve ser usado com cautela, pois em excesso pode parecer agressivo ou intimidante.

> **Exemplo prático**: Imagine que você está apresentando uma proposta urgente. Usar vermelho em gráficos ou elementos-chave da sua apresentação pode ajudar a transmitir a urgência da situação e capturar a atenção da audiência imediatamente.

Azul: confiança e tranquilidade

O azul é uma cor associada à calma, confiança e profissionalismo. É frequentemente usada para criar uma sensação de estabilidade e confiança, sendo ideal para situações onde você deseja estabelecer credibilidade e tranquilidade.

> **Exemplo prático**: Se você está em uma negociação complexa onde a confiança é crucial, vestir-se em tons de azul ou usar azul em seu material de apresentação pode

ajudar a reforçar uma imagem de confiança e competência.

Amarelo: otimismo e criatividade

O amarelo é uma cor alegre e vibrante que evoca sentimentos de felicidade e inovação. Pode ser particularmente útil em situações onde você deseja transmitir otimismo e estimular a criatividade.

> **Exemplo prático**: Ao apresentar uma nova ideia ou produto inovador, incorporar o amarelo em sua apresentação pode ajudar a transmitir uma sensação de entusiasmo e inovação.

Verde: harmonia e crescimento

O verde está associado à natureza, crescimento e harmonia. Pode ser usado para criar uma impressão de equilíbrio e estabilidade, sendo ideal para negociações onde você deseja transmitir sustentabilidade e crescimento.

> **Exemplo prático**: Em negociações sobre parcerias de longo prazo ou projetos sustentáveis, usar verde pode ajudar a comunicar uma mensagem de crescimento e estabilidade.

Preto: sofisticação e autoridade

O preto é uma cor que transmite sofisticação, autoridade e elegância. Pode ser usado para criar uma impressão de seriedade e profissionalismo, especialmente em situações que exigem uma presença forte e autoritária.

Exemplo prático: Se você está negociando em um ambiente formal ou de alto nível, usar preto pode ajudar a reforçar uma imagem de poder e seriedade.

Branco: clareza e simplicidade

O branco é a cor da pureza, simplicidade e clareza. Pode ser usado para transmitir uma imagem de transparência e organização, sendo ideal para situações onde você deseja comunicar honestidade e simplicidade.

Exemplo prático: Ao apresentar informações complexas, usar um fundo branco ou elementos brancos pode ajudar a destacar a clareza e facilitar a compreensão da audiência.

DICAS PRÁTICAS PARA USAR CORES EM PRIMEIRAS IMPRESSÕES

Escolha cores que reforcem sua mensagem

Ao selecionar as cores para sua apresentação ou vestuário, pense na mensagem que deseja transmitir. Escolha cores que reforcem essa mensagem e ajudem a criar a impressão desejada.

Considere o contexto cultural

Lembre-se de que as associações de cores podem variar entre culturas. O que é percebido como positivo em uma cultura pode ter conotações diferentes em outra. Esteja atento às percepções culturais das cores para garantir que sua escolha seja apropriada.

Use cores de maneira coerente

A coerência no uso das cores é importante para criar uma imagem coesa e profissional. Mantenha uma paleta de cores consistente em todos os seus materiais de comunicação para reforçar a sua identidade e mensagem.

Compreender como as cores influenciam as primeiras impressões é uma habilidade poderosa que pode transformar suas negociações. No próximo capítulo, vamos explorar como as cores são usadas no marketing e branding.

O USO DE CORES EM MARKETING E BRANDING

As cores são uma ferramenta poderosa no marketing e branding, capaz de transmitir mensagens, evocar emoções e influenciar decisões de compra. Neste capítulo, vamos explorar como as cores são estrategicamente utilizadas para fortalecer marcas e campanhas de marketing. Você descobrirá como aplicar esse conhecimento para criar uma identidade visual impactante e eficiente.

A IMPORTÂNCIA DAS CORES NO MARKETING

No mundo do marketing, as cores desempenham um papel crucial na forma como os consumidores percebem uma marca e seus produtos. Elas podem ajudar a diferenciar uma marca da concorrência, influenciar a percepção do produto e até mesmo afetar a decisão de compra. A escolha certa de cores pode criar uma conexão emocional com o público, tornando a marca mais memorável e atraente.

A PSICOLOGIA DAS CORES NO MARKETING

A psicologia das cores é amplamente utilizada no marketing para evocar respostas emocionais específicas. Vamos analisar algumas das cores mais comuns e seus efeitos no comportamento do consumidor.

Vermelho: paixão e urgência

O vermelho é frequentemente usado para chamar atenção e criar uma sensação de urgência. É uma cor que pode estimular o apetite, por isso é comum em marcas de alimentos e restaurantes.

> **Exemplo prático**: Marcas como Coca-Cola e McDonald's utilizam o vermelho em seus logos para atrair atenção e evocar emoções fortes, como paixão e excitação.

Azul: confiança e segurança

O azul transmite confiança, segurança e profissionalismo. É amplamente utilizado em setores onde a confiança é crucial, como bancos, tecnologia e saúde.

> **Exemplo prático**: Empresas como Facebook e IBM usam o azul para transmitir uma imagem de confiabilidade e estabilidade.

Amarelo: otimismo e atenção

O amarelo é uma cor alegre que pode captar a atenção e transmitir otimismo. É eficaz em campanhas que visam criar uma sensação de felicidade e positividade.

> **Exemplo prático**: Marcas como IKEA e Nikon usam o amarelo para destacar seus produtos e criar uma sensação de calor e felicidade.

Verde: harmonia e sustentabilidade

O verde está associado à natureza, saúde e crescimento. É frequentemente usado por marcas que desejam transmitir uma mensagem de sustentabilidade e bem-estar.

> **Exemplo prático**: Empresas como Starbucks e Whole Foods utilizam o verde para reforçar suas iniciativas de sustentabilidade e bem-estar.

Preto: sofisticação e luxo

O preto é uma cor elegante e sofisticada, muitas vezes associada a produtos de luxo e alta qualidade. Transmite exclusividade e poder.

> **Exemplo prático**: Marcas como Chanel e Mercedes-Benz usam o preto para criar uma imagem de luxo e exclusividade.

Branco: simplicidade e pureza

O branco é a cor da pureza e simplicidade. É frequentemente usado para transmitir minimalismo e clareza, sendo popular em marcas de tecnologia e saúde.

> **Exemplo prático**: Empresas como Apple e Nike utilizam o branco para criar uma imagem limpa e moderna.

ESTRATÉGIAS DE USO DE CORES NO BRANDING

Consistência na identidade visual

Manter a consistência nas cores é essencial para construir uma identidade de marca forte e reconhecível. Escolher uma paleta de cores e utilizá-la de forma consistente em todos os materiais de marketing ajuda a criar uma imagem coesa e memorável.

Dica prática: Crie um guia de estilo para sua marca que inclua a paleta de cores, garantindo que todos os materiais de marketing e comunicação sigam o mesmo esquema.

Atraindo atenção com cores vibrantes

Cores vibrantes podem ser usadas para atrair atenção e destacar informações importantes. Elas são particularmente eficazes em anúncios, banners e chamadas para ação.

Dica prática: Utilize cores vibrantes como vermelho ou laranja para botões de chamada para ação em seu site ou em anúncios, aumentando a taxa de cliques e conversões.

Transmitindo mensagens com paletas de cores

As paletas de cores podem ser usadas para transmitir mensagens específicas sobre sua marca. Por exemplo, uma paleta de cores pastel pode transmitir suavidade e gentileza, enquanto uma paleta de cores escuras pode transmitir autoridade e seriedade.

> **Dica prática**: Escolha uma paleta de cores que reflita os valores e a personalidade da sua marca. Teste diferentes combinações para ver qual ressoa melhor com seu público-alvo.

Adaptando cores para diferentes culturas

As percepções das cores podem variar significativamente entre culturas. Ao criar campanhas de marketing global, é importante considerar essas diferenças para garantir que sua mensagem seja bem recebida em diferentes regiões.

> **Dica prática**: Realize pesquisas de mercado para entender as associações culturais com cores em diferentes regiões e adapte suas campanhas de acordo.

Neste capítulo, exploramos como as cores são usadas no marketing e branding para criar identidades visuais impactantes e influenciar o comportamento do consumidor. No próximo capítulo, vamos nos aprofundar no significado das cores em diferentes culturas e como isso pode influenciar a comunicação global.

O SIGNIFICADO DAS CORES EM DIFERENTES CULTURAS

As cores têm significados e conotações diferentes ao redor do mundo, influenciadas por contextos culturais, históricos e sociais. Entender essas variações é crucial para qualquer profissional que deseja comunicar e negociar de forma eficaz em um ambiente globalizado. Neste capítulo, vamos explorar como o significado das cores varia entre diferentes culturas e como isso pode influenciar a comunicação e negociação internacional.

A IMPORTÂNCIA DO CONTEXTO CULTURAL

As cores não são universais em seu significado. O que pode ser percebido como uma cor positiva em uma cultura pode ter conotações negativas em outra. Portanto, ao planejar estratégias de comunicação e negociação, é essencial considerar o contexto cultural do seu público-alvo.

Exemplo prático: vermelho na China e no ocidente

Na China, o vermelho é uma cor extremamente positiva, associada à sorte, felicidade e prosperidade. É frequentemente usada em celebrações como o Ano Novo Chinês e casamentos. No entanto, no Ocidente, embora o vermelho também possa ser associado à paixão e energia, pode ter conotações negativas de perigo ou alerta.

SIGNIFICADOS CULTURAIS DAS CORES

Vermelho

- **China**: Sorte, felicidade, prosperidade.
- **Ocidente**: Paixão, energia, amor, mas também perigo e alerta.
- **África do Sul**: Luto e morte.

Azul

- **Ocidente**: Confiança, segurança, profissionalismo.
- **Irã**: Luto.
- **México**: Comunica santidade e confiança.

Amarelo

- **Japão**: Coragem e nobreza.
- **Egito**: Luto.
- **Ocidente**: Felicidade, otimismo, mas também cautela (como em placas de aviso).

Verde

- **Ocidente**: Natureza, crescimento, sustentabilidade.
- **Indonésia**: Proibida em certas ocasiões religiosas.
- **Irã**: Paraíso.

Preto

- **Ocidente**: Sofisticação, luxo, luto.
- **China**: Cor da água e do norte, associada ao inverno.
- **África**: Associado a experiências negativas em algumas culturas, mas também pode simbolizar maturidade e masculinidade.

Branco

- **Ocidente**: Pureza, simplicidade, paz.
- **China**: Luto e morte.
- **Índia**: Pureza e divindade, mas também associado ao luto em algumas regiões.

ADAPTANDO CORES PARA A COMUNICAÇÃO GLOBAL

Pesquisa de mercado

Antes de lançar uma campanha internacional ou entrar em uma negociação global, é essencial realizar uma pesquisa de mercado para entender as percepções culturais das cores em seu público-alvo. Isso pode envolver a análise de estudos de caso, consultas com especialistas culturais e, se possível, a realização de grupos focais locais.

Personalização de cores

Adapte suas cores de acordo com o mercado local. Por exemplo, se você está lançando um produto no Japão, pode querer evitar o uso excessivo de branco, pois pode ser associado ao luto. Em vez disso, usar o vermelho pode ser mais apropriado, devido às suas conotações positivas de alegria e celebração.

Comunicação e design multicultural

Quando possível, crie materiais de comunicação que possam ser facilmente adaptados para diferentes mercados culturais. Isso pode incluir a criação de logotipos ou campanhas publicitárias com várias opções de paletas de cores, permitindo ajustes conforme necessário.

CONSIDERAÇÕES ÉTICAS E RESPEITO CULTURAL

Sensibilidade cultural

É importante abordar as cores com sensibilidade e respeito às culturas locais. Evitar estereótipos e generalizações é crucial para não ofender ou alienar o público-alvo.

Inclusão social

Ao planejar campanhas globais, considere também a acessibilidade. Certifique-se de que suas escolhas de cores são inclusivas para pessoas com deficiência visual, como daltonismo. Isso pode envolver o uso de contrastes adequados e padrões alternativos para transmitir informações importantes.

Neste capítulo, exploramos como o significado das cores varia entre diferentes culturas e como isso pode influenciar a comunicação global. Entender essas nuances culturais é fundamental para qualquer profissional que busca sucesso em negociações internacionais e estratégias de marketing globais.

No próximo capítulo, vamos nos aprofundar nas cores vermelho e amarelo, analisando como elas podem ser usadas para atrair atenção e criar urgência.

CORES VERMELHO E AMARELO: ENERGIA E ATENÇÃO

O vermelho e o amarelo são cores que possuem uma forte presença visual e psicológica, capazes de captar atenção instantaneamente e evocar emoções intensas. Neste capítulo, vamos explorar como essas cores podem ser usadas estrategicamente para atrair atenção e criar urgência em negociações e comunicações de negócios.

O IMPACTO DO VERMELHO NA COMUNICAÇÃO

Características do vermelho

O vermelho é uma cor poderosa, frequentemente associada à paixão, energia, ação e urgência. É uma cor que pode aumentar a frequência cardíaca, estimular o apetite e criar uma sensação de excitação.

Emocional e psicológico

- **Energia e ação**: O vermelho é vibrante e dinâmico, ideal para contextos onde é necessário estimular uma resposta rápida ou ação imediata.
- **Paixão e excitação**: Evoca sentimentos fortes e pode ser usado para transmitir intensidade emocional.
- **Urgência e alerta**: Comumente usado em sinais de alerta e chamadas para ação, o vermelho pode criar um senso de urgência e importância.

APLICAÇÕES PRÁTICAS DO VERMELHO

Destacando informações importantes

O vermelho é altamente eficaz para destacar informações críticas em apresentações, materiais de marketing e negociações.

Exemplo prático: Em uma apresentação de negócios, usar vermelho para destacar pontos-chave ou números importantes pode ajudar a garantir que esses elementos sejam notados e lembrados.

Chamadas para ação

Em marketing, o vermelho é frequentemente usado em botões de chamada para ação (CTAs) devido à sua capacidade de atrair atenção e incentivar cliques.

Exemplo prático: Em um site de e-commerce, um botão "Comprar Agora" em vermelho pode aumentar a taxa de conversão ao criar uma sensação de urgência.

Ambientes de alta energia

O vermelho pode ser usado para criar ambientes energéticos e estimulantes, como em salas de reuniões onde discussões dinâmicas e criativas são necessárias.

Exemplo prático: Pintar uma parede de uma sala de brainstorming de vermelho pode ajudar a estimular ideias e aumentar a energia dos participantes.

O IMPACTO DO AMARELO NA COMUNICAÇÃO

Características do amarelo

O amarelo é a cor mais visível do espectro e é frequentemente associada à felicidade, otimismo, inovação e atenção.

Emocional e psicológico

- **Otimismo e Felicidade**: O amarelo é alegre e transmite uma sensação de positividade.
- **Inovação e Criatividade**: Estimula a mente e pode incentivar a inovação e o pensamento criativo.
- **Atenção e Alerta**: Como o vermelho, o amarelo é altamente visível e pode ser usado para chamar atenção, embora de uma maneira menos intensa.

APLICAÇÕES PRÁTICAS DO AMARELO

Estímulo à criatividade

O amarelo é ideal para ambientes que promovem inovação e criatividade, como escritórios de design ou áreas de desenvolvimento de produtos.

> **Exemplo prático**: Incorporar elementos amarelos na decoração de um escritório criativo pode ajudar a estimular o pensamento inovador e a geração de novas ideias.

Destaque em materiais visuais

Amarelo pode ser usado para destacar elementos importantes em apresentações, folhetos e outros materiais visuais.

> **Exemplo prático**: Em uma apresentação de slides, usar amarelo para destacar citações importantes ou resultados de pesquisas pode ajudar a garantir que esses pontos sejam notados.

Criação de urgência leve

Embora menos intensa que o vermelho, o amarelo pode ser usado para criar uma sensação de urgência de forma mais leve e otimista.

> **Exemplo prático**: Em uma campanha de marketing para um evento, usar amarelo

para destacar a data de inscrição antecipada pode incentivar a ação sem parecer excessivamente urgente.

Combinando vermelho e amarelo

Quando combinados, vermelho e amarelo podem criar um efeito ainda mais poderoso, misturando a energia do vermelho com a visibilidade e o otimismo do amarelo.

ESTRATÉGIAS DE COMBINAÇÃO

Marketing de alta energia

Usar vermelho e amarelo juntos em campanhas de marketing pode capturar a atenção do público rapidamente e criar uma sensação de dinamismo e entusiasmo.

Exemplo prático: Uma campanha publicitária para um lançamento de produto pode usar vermelho e amarelo para destacar ofertas especiais e criar um senso de urgência e excitação.

Ambientes de trabalho estimulantes

Em ambientes de trabalho, a combinação de vermelho e amarelo pode estimular tanto a criatividade quanto a energia, promovendo um espaço dinâmico e inovador.

> **Exemplo prático**: Em um espaço de coworking, usar vermelho e amarelo em áreas comuns pode criar um ambiente vibrante que estimula a interação e a colaboração.

Apresentações e materiais de venda

Para materiais de venda e apresentações, a combinação de vermelho e amarelo pode ajudar a destacar informações cruciais e manter a atenção do público.

> **Exemplo prático**: Em um pitch para investidores, usar vermelho para destacar pontos de ação e amarelo para realçar benefícios e oportunidades pode criar uma apresentação visualmente impactante e memorável.

O uso estratégico do vermelho e do amarelo pode transformar a forma como você comunica e negocia, capturando a atenção do seu público e criando uma sensação de energia e urgência. No entanto, é importante usar essas cores com equilíbrio e consideração ao contexto para evitar sobrecarga sensorial ou percepções negativas.

Compreender o impacto do vermelho e do amarelo é apenas uma parte da exploração das cores na comunicação. No próximo capítulo, vamos nos aprofundar no uso do azul, uma cor que evoca confiança e segurança.

O AZUL NA CONFIANÇA E SEGURANÇA

O azul é uma cor amplamente utilizada em contextos profissionais e de negócios devido à sua capacidade de evocar sentimentos de confiança, segurança e tranquilidade. Neste capítulo, vamos explorar como o azul pode ser usado estrategicamente em negociações e comunicações para criar um ambiente de confiança e transmitir uma sensação de segurança. Você aprenderá a aplicar essa cor de maneira eficaz para melhorar suas interações e alcançar resultados mais favoráveis.

O IMPACTO DO AZUL NA COMUNICAÇÃO

Características do azul

O azul é uma cor calmante e estável, frequentemente associada à confiança, lealdade, sabedoria e profissionalismo. Sua presença é tranquilizadora e pode ajudar a reduzir o estresse e a ansiedade, tornando-o ideal para contextos de negócios.

Emocional e psicológico

- **Confiança e segurança**: O azul é percebido como uma cor de confiança e segurança, ideal para criar um ambiente de credibilidade.
- **Calma e tranquilidade**: Tem um efeito calmante, ajudando a reduzir o estresse e promovendo um ambiente mais relaxado e focado.
- **Profissionalismo e sabedoria**: Transmite uma imagem de profissionalismo, competência e seriedade.

APLICAÇÕES PRÁTICAS DO AZUL

Criação de ambientes de confiança

O azul pode ser usado para criar ambientes que promovem confiança e segurança, essenciais em negociações e reuniões de negócios.

Exemplo prático: Pintar as paredes de uma sala de reuniões em tons de azul pode ajudar a criar um espaço onde os participantes se sintam mais seguros e confiantes, facilitando discussões abertas e produtivas.

Branding e identidade visual

Muitas marcas utilizam o azul em seus logotipos e materiais de marketing para transmitir uma imagem de confiabilidade e profissionalismo.

Exemplo prático: Empresas de tecnologia como IBM e Dell usam o azul em suas identidades visuais para comunicar estabilidade e confiança aos seus clientes.

Apresentações e materiais de comunicação

Usar azul em apresentações e materiais de comunicação pode ajudar a transmitir uma mensagem de seriedade e competência, além de manter a atenção do público de maneira positiva.

Exemplo prático: Incorporar gráficos e elementos visuais em azul em uma apresentação pode reforçar a mensagem de confiança e segurança que você deseja transmitir.

Vestuário profissional

Vestir-se em tons de azul pode ajudar a projetar uma imagem de profissionalismo e confiança em ambientes de negócios.

Exemplo prático: Optar por um terno ou blazer azul em uma reunião importante pode ajudar a reforçar sua imagem como uma pessoa confiável e competente.

DIFERENTES TONS DE AZUL E SEUS EFEITOS

Azul claro

O azul claro é associado à tranquilidade e serenidade. É uma excelente escolha para ambientes que precisam promover a calma e reduzir a tensão.

Exemplo prático: Usar azul claro em salas de espera ou áreas de recepção pode ajudar a acalmar visitantes e criar uma atmosfera relaxante.

Azul escuro

O azul escuro transmite autoridade, seriedade e profundidade. É ideal para situações que exigem um alto nível de confiança e profissionalismo.

> **Exemplo prático**: Incorporar azul escuro em materiais de apresentação para negociações de alto nível pode ajudar a comunicar seriedade e competência.

Azul turquesa

O azul turquesa combina os efeitos calmantes do azul com a energia revigorante do verde. Pode ser usado para transmitir frescor e inovação.

> **Exemplo prático**: Usar azul turquesa em campanhas de marketing para produtos inovadores pode ajudar a comunicar uma mensagem de novidade e frescor.

ESTRATÉGIAS DE USO DO AZUL EM NEGOCIAÇÕES

Estabelecendo confiança inicial

Ao iniciar uma negociação, usar elementos visuais azuis pode ajudar a estabelecer uma base de confiança com a outra parte.

> **Exemplo prático**: Iniciar uma apresentação de negociação com slides predominantemente azuis pode ajudar a criar uma impressão inicial de confiança e profissionalismo.

Reduzindo a tensão

Em situações de negociação tensa, incorporar o azul pode ajudar a acalmar os participantes e facilitar uma resolução mais pacífica e racional.

> **Exemplo prático**: Usar decoração azul em uma sala de mediação pode ajudar a reduzir a tensão e promover um diálogo mais calmo e produtivo.

Reforçando mensagens de segurança

Se a sua negociação envolve temas de segurança, estabilidade ou confiabilidade, o uso do azul pode reforçar essas mensagens de maneira eficaz.

> **Exemplo prático**: Em negociações de contratos de longo prazo ou projetos de infraestrutura, usar o azul em documentos e materiais de apresentação pode ajudar a

comunicar uma mensagem de estabilidade e segurança.

O azul é uma cor versátil e poderosa que pode ser usada para criar ambientes de confiança e segurança em negociações e comunicações de negócios. Entender os efeitos psicológicos do azul e aplicar essa cor estrategicamente pode melhorar significativamente a eficácia das suas interações profissionais.

Compreender o impacto do azul na confiança e segurança é uma peça essencial na sua estratégia de comunicação. No próximo capítulo, vamos explorar o uso do verde para promover ideias de harmonia e crescimento.

VERDE PARA HARMONIA E CRESCIMENTO

O verde é uma cor que evoca sentimentos de harmonia, equilíbrio e crescimento. Sua associação com a natureza e a renovação faz dele uma escolha ideal para criar ambientes que promovam estabilidade e desenvolvimento. Neste capítulo, vamos explorar como o verde pode ser usado de forma estratégica em negociações e comunicações de negócios para transmitir uma sensação de equilíbrio e encorajar o crescimento. Você aprenderá a aplicar essa cor de maneira eficaz para melhorar suas interações e alcançar resultados mais positivos.

O IMPACTO DO VERDE NA COMUNICAÇÃO

Características do verde

O verde é uma cor calmante e equilibrada, frequentemente associada à natureza, saúde, renovação e crescimento. Sua presença pode ajudar a criar um ambiente de estabilidade e confiança, facilitando discussões produtivas e colaborativas.

Emocional e psicológico

- **Harmonia e equilíbrio**: O verde transmite uma sensação de equilíbrio e calma, ideal para ambientes onde é necessário reduzir o estresse e promover a estabilidade.
- **Crescimento e renovação**: Associado ao crescimento e à renovação, o verde pode

inspirar novas ideias e encorajar o desenvolvimento.
- **Saúde e bem-estar**: O verde é frequentemente associado à saúde e ao bem-estar, sendo uma escolha excelente para transmitir mensagens de cuidado e sustentabilidade.

APLICAÇÕES PRÁTICAS DO VERDE

Criação de ambientes harmoniosos

O verde pode ser usado para criar ambientes que promovem a harmonia e a colaboração, essenciais em negociações e reuniões de negócios.

> **Exemplo prático**: Pintar as paredes de uma sala de reuniões em tons de verde pode ajudar a criar um espaço onde os participantes se sintam mais relaxados e abertos à colaboração.

Branding e identidade visual

Muitas marcas utilizam o verde em seus logotipos e materiais de marketing para transmitir uma imagem de crescimento, saúde e sustentabilidade.

> **Exemplo prático**: Empresas como Starbucks e Whole Foods usam o verde para reforçar suas iniciativas de sustentabilidade e bem-

estar, conectando-se com consumidores conscientes.

Apresentações e materiais de comunicação

Usar verde em apresentações e materiais de comunicação pode ajudar a transmitir uma mensagem de equilíbrio e crescimento, mantendo a atenção do público de maneira positiva.

> **Exemplo prático**: Incorporar gráficos e elementos visuais em verde em uma apresentação pode reforçar a mensagem de sustentabilidade e inovação que você deseja transmitir.

Vestuário profissional

Vestir-se em tons de verde pode ajudar a projetar uma imagem de equilíbrio e confiabilidade em ambientes de negócios.

> **Exemplo prático**: Optar por um blazer ou acessórios verdes em uma reunião importante pode ajudar a reforçar sua imagem como uma pessoa equilibrada e confiável.

DIFERENTES TONS DE VERDE E SEUS EFEITOS

Verde claro

O verde claro é associado à juventude e à frescura. É uma excelente escolha para ambientes que precisam transmitir renovação e vitalidade.

> **Exemplo prático**: Usar verde claro em áreas de recepção pode ajudar a criar uma atmosfera acolhedora e rejuvenescida.

Verde escuro

O verde escuro transmite seriedade, estabilidade e riqueza. É ideal para situações que exigem um alto nível de confiança e profissionalismo.

> **Exemplo prático**: Incorporar verde escuro em materiais de apresentação para negociações de alto nível pode ajudar a comunicar seriedade e competência.

Verde menta

O verde menta combina os efeitos calmantes do verde com uma sensação de frescor e modernidade. Pode ser usado para transmitir inovação e frescor.

> **Exemplo prático**: Usar verde menta em campanhas de marketing para produtos de saúde e bem-estar pode ajudar a comunicar uma mensagem de frescor e modernidade.

ESTRATÉGIAS DE USO DO VERDE EM NEGOCIAÇÕES

Estabelecendo um ambiente de crescimento

Ao iniciar uma negociação, usar elementos visuais verdes pode ajudar a criar uma base de crescimento e renovação, incentivando uma abordagem colaborativa.

Exemplo prático: Iniciar uma apresentação de negociação com slides predominantemente verdes pode ajudar a criar uma impressão inicial de crescimento e inovação.

Reduzindo a tensão

Em situações de negociação tensa, incorporar o verde pode ajudar a acalmar os participantes e facilitar uma resolução mais pacífica e racional.

Exemplo prático: Usar decoração verde em uma sala de mediação pode ajudar a reduzir a tensão e promover um diálogo mais calmo e produtivo.

Reforçando mensagens de sustentabilidade

Se a sua negociação envolve temas de sustentabilidade, crescimento ou saúde, o uso do verde pode reforçar essas mensagens de maneira eficaz.

Exemplo prático: Em negociações de projetos sustentáveis, usar o verde em documentos e materiais de apresentação pode ajudar a comunicar uma mensagem de estabilidade e renovação.

O verde é uma cor versátil e poderosa que pode ser usada para criar ambientes de harmonia e promover crescimento em negociações e comunicações de negócios. Entender os efeitos psicológicos do verde e aplicar essa cor estrategicamente pode melhorar significativamente a eficácia das suas interações profissionais.

Compreender o impacto do verde na promoção de harmonia e crescimento é uma peça essencial na sua estratégia de comunicação. No próximo capítulo, vamos explorar o poder calmante do azul claro.

O PODER CALMANTE DO AZUL CLARO

O azul claro é uma cor que evoca sentimentos de tranquilidade, serenidade e frescor. Sua capacidade de acalmar e suavizar tensões a torna uma escolha estratégica em negociações e comunicações de negócios, especialmente em situações potencialmente estressantes. Neste capítulo, vamos explorar como o azul claro pode ser usado para criar um ambiente relaxante e propício à resolução pacífica de conflitos. Você aprenderá a aplicar essa cor de maneira eficaz para melhorar suas interações e alcançar resultados mais harmoniosos.

O IMPACTO DO AZUL CLARO NA COMUNICAÇÃO

Características do azul claro

O azul claro é uma cor suave e pacífica, frequentemente associada ao céu e à água. Sua presença pode ajudar a reduzir a ansiedade, promover a clareza mental e facilitar a comunicação aberta.

Emocional e psicológico

- **Tranquilidade e serenidade**: O azul claro tem um efeito calmante, ajudando a reduzir o estresse e a criar um ambiente relaxado.
- **Frescura e clareza**: Associado a sensações de frescor e clareza mental, o azul claro pode melhorar a concentração e a comunicação.

- **Amizade e abertura**: Transmite uma sensação de abertura e amizade, facilitando a interação e a cooperação.

APLICAÇÕES PRÁTICAS DO AZUL CLARO

Criação de ambientes relaxantes

O azul claro pode ser usado para criar ambientes que promovem a tranquilidade e a clareza, essenciais em negociações e reuniões de negócios.

Exemplo prático: Pintar as paredes de uma sala de reuniões em tons de azul claro pode ajudar a criar um espaço onde os participantes se sintam mais relaxados e abertos à comunicação.

Branding e identidade visual

Algumas marcas utilizam o azul claro em seus logotipos e materiais de marketing para transmitir uma imagem de frescor e serenidade.

Exemplo prático: Empresas de tecnologia e saúde muitas vezes usam o azul claro para comunicar inovação e bem-estar, criando uma conexão positiva com seus clientes.

Apresentações e materiais de comunicação

Usar azul claro em apresentações e materiais de comunicação pode ajudar a transmitir uma mensagem de calma e clareza, mantendo a atenção do público de maneira positiva.

Exemplo prático: Incorporar gráficos e elementos visuais em azul claro em uma apresentação pode reforçar a mensagem de tranquilidade e clareza que você deseja transmitir.

Vestuário profissional

Vestir-se em tons de azul claro pode ajudar a projetar uma imagem de tranquilidade e confiabilidade em ambientes de negócios.

Exemplo prático: Optar por uma camisa ou blusa azul claro em uma reunião importante pode ajudar a reforçar sua imagem como uma pessoa calma e acessível.

DIFERENTES TONS DE AZUL CLARO E SEUS EFEITOS

Azul bebê

O azul bebê é associado à inocência e à pureza. É uma excelente escolha para ambientes que precisam transmitir calma e acolhimento.

> **Exemplo prático**: Usar azul bebê em áreas de recepção pode ajudar a criar uma atmosfera acolhedora e relaxante para visitantes.

Azul ciano

O azul ciano é um tom vibrante e fresco, que combina as propriedades calmantes do azul com a energia do verde. Pode ser usado para transmitir inovação e frescor.

> **Exemplo prático**: Usar azul ciano em campanhas de marketing para produtos inovadores pode ajudar a comunicar uma mensagem de novidade e frescor.

Azul celeste

O azul celeste é um tom suave e etéreo, frequentemente associado ao céu claro. É ideal para situações que exigem tranquilidade e foco.

> **Exemplo prático**: Incorporar azul celeste em materiais de apresentação para negociações importantes pode ajudar a criar um ambiente calmo e concentrado.

ESTRATÉGIAS DE USO DO AZUL CLARO EM NEGOCIAÇÕES

Estabelecendo um ambiente de calma

Ao iniciar uma negociação, usar elementos visuais azul claro pode ajudar a criar uma base de tranquilidade e abertura, incentivando uma abordagem colaborativa.

> **Exemplo prático**: Iniciar uma apresentação de negociação com slides predominantemente azul claro pode ajudar a criar uma impressão inicial de calma e clareza.

Reduzindo a tensão

Em situações de negociação tensa, incorporar o azul claro pode ajudar a acalmar os participantes e facilitar uma resolução mais pacífica e racional.

> **Exemplo prático**: Usar decoração azul claro em uma sala de mediação pode ajudar a reduzir a tensão e promover um diálogo mais calmo e produtivo.

Reforçando mensagens de clareza e transparência

Se a sua negociação envolve temas de clareza, transparência ou bem-estar, o uso do azul claro pode reforçar essas mensagens de maneira eficaz.

> **Exemplo prático**: Em negociações de contratos de longo prazo ou projetos de saúde e bem-estar, usar o azul claro em

documentos e materiais de apresentação pode ajudar a comunicar uma mensagem de clareza e transparência.

O azul claro é uma cor versátil e poderosa que pode ser usada para criar ambientes de calma e promover a clareza em negociações e comunicações de negócios. Entender os efeitos psicológicos do azul claro e aplicar essa cor estrategicamente pode melhorar significativamente a eficácia das suas interações profissionais.

Compreender o impacto do azul claro na promoção de calma e clareza é uma peça essencial na sua estratégia de comunicação. No próximo capítulo, vamos explorar o uso do rosa para suavizar a comunicação e acolher as partes em negociação.

ROSA PARA TRANQUILIDADE E ACOLHIMENTO

O rosa é uma cor que evoca sentimentos de tranquilidade, carinho e acolhimento. Sua capacidade de suavizar a comunicação e criar um ambiente receptivo a torna uma escolha estratégica em negociações e comunicações de negócios, especialmente em situações onde a empatia e a conexão emocional são importantes. Neste capítulo, vamos explorar como o rosa pode ser usado para suavizar interações e acolher as partes em uma negociação. Você aprenderá a aplicar essa cor de maneira eficaz para melhorar suas interações e alcançar resultados mais positivos.

O IMPACTO DO ROSA NA COMUNICAÇÃO

Características do rosa

O rosa é uma cor suave e acolhedora, frequentemente associada ao carinho, à empatia e à tranquilidade. Sua presença pode ajudar a criar um ambiente de confiança e conforto, facilitando a comunicação aberta e a cooperação.

Emocional e psicológico

- **Tranquilidade e acolhimento**: O rosa transmite uma sensação de tranquilidade e acolhimento, ideal para ambientes onde é necessário promover a empatia e a cooperação.

- **Suavidade e carinho**: Evoca sentimentos de carinho e empatia, facilitando a criação de conexões emocionais positivas.
- **Abertura e receptividade**: Transmite uma sensação de abertura e receptividade, incentivando a comunicação e a colaboração.

APLICAÇÕES PRÁTICAS DO ROSA

Criação de ambientes acolhedores

O rosa pode ser usado para criar ambientes que promovem a tranquilidade e o acolhimento, essenciais em negociações e reuniões de negócios.

Exemplo prático: Pintar as paredes de uma sala de reuniões em tons de rosa pode ajudar a criar um espaço onde os participantes se sintam mais acolhidos e dispostos a cooperar.

Branding e identidade visual

Algumas marcas utilizam o rosa em seus logotipos e materiais de marketing para transmitir uma imagem de carinho, empatia e acessibilidade.

Exemplo prático: Marcas de produtos de beleza e bem-estar muitas vezes usam o rosa para comunicar cuidado e bem-estar, criando uma conexão emocional positiva com seus clientes.

Apresentações e materiais de comunicação

Usar rosa em apresentações e materiais de comunicação pode ajudar a transmitir uma mensagem de empatia e acolhimento, mantendo a atenção do público de maneira positiva.

Exemplo prático: Incorporar gráficos e elementos visuais em rosa em uma apresentação pode reforçar a mensagem de tranquilidade e empatia que você deseja transmitir.

Vestuário profissional

Vestir-se em tons de rosa pode ajudar a projetar uma imagem de empatia e acessibilidade em ambientes de negócios.

Exemplo prático: Optar por uma camisa ou blusa rosa em uma reunião importante pode ajudar a reforçar sua imagem como uma pessoa acolhedora e empática.

DIFERENTES TONS DE ROSA E SEUS EFEITOS

Rosa bebê

O rosa bebê é associado à inocência e à ternura. É uma excelente escolha para ambientes que precisam transmitir calma e acolhimento.

Exemplo prático: Usar rosa bebê em áreas de recepção pode ajudar a criar uma atmosfera acolhedora e relaxante para visitantes.

Rosa choque

O rosa choque é um tom vibrante e energético, que combina a suavidade do rosa com a intensidade do vermelho. Pode ser usado para transmitir energia e inovação.

Exemplo prático: Usar rosa choque em campanhas de marketing para produtos inovadores pode ajudar a comunicar uma mensagem de novidade e dinamismo.

Rosa pastel

O rosa pastel é um tom suave e sereno, frequentemente associado à delicadeza e à calma. É ideal para situações que exigem tranquilidade e foco.

Exemplo prático: Incorporar rosa pastel em materiais de apresentação para negociações importantes pode ajudar a criar um ambiente calmo e focado.

ESTRATÉGIAS DE USO DO ROSA EM NEGOCIAÇÕES

Estabelecendo um ambiente de acolhimento

Ao iniciar uma negociação, usar elementos visuais rosa pode ajudar a criar uma base de acolhimento e empatia, incentivando uma abordagem colaborativa.

> **Exemplo prático**: Iniciar uma apresentação de negociação com slides predominantemente rosa pode ajudar a criar uma impressão inicial de empatia e abertura.

Reduzindo a tensão

Em situações de negociação tensa, incorporar o rosa pode ajudar a acalmar os participantes e facilitar uma resolução mais pacífica e racional.

> **Exemplo prático**: Usar decoração rosa em uma sala de mediação pode ajudar a reduzir a tensão e promover um diálogo mais calmo e produtivo.

Reforçando mensagens de empatia e cuidado

Se a sua negociação envolve temas de empatia, cuidado ou bem-estar, o uso do rosa pode reforçar essas mensagens de maneira eficaz.

Exemplo prático: Em negociações de projetos de saúde e bem-estar, usar o rosa em documentos e materiais de apresentação pode ajudar a comunicar uma mensagem de empatia e cuidado.

O rosa é uma cor versátil e poderosa que pode ser usada para criar ambientes de acolhimento e promover a empatia em negociações e comunicações de negócios. Entender os efeitos psicológicos do rosa e aplicar essa cor estrategicamente pode melhorar significativamente a eficácia das suas interações profissionais.

Compreender o impacto do rosa na promoção de tranquilidade e acolhimento é uma peça essencial na sua estratégia de comunicação. No próximo capítulo, vamos explorar o uso do branco para transmitir simplicidade e transparência.

O BRANCO PARA CLAREZA E SIMPLICIDADE

O branco é uma cor que evoca sentimentos de clareza, simplicidade e pureza. Sua capacidade de transmitir transparência e organização a torna uma escolha estratégica em negociações e comunicações de negócios, especialmente em situações que exigem clareza e objetividade. Neste capítulo, vamos explorar como o branco pode ser usado para criar um ambiente de transparência e facilitar a comunicação. Você aprenderá a aplicar essa cor de maneira eficaz para melhorar suas interações e alcançar resultados mais claros e diretos.

O IMPACTO DO BRANCO NA COMUNICAÇÃO

Características do branco

O branco é uma cor pura e neutra, frequentemente associada à limpeza, simplicidade e inocência. Sua presença pode ajudar a criar um ambiente de clareza e foco, facilitando a compreensão e a tomada de decisões.

Emocional e psicológico

- **Clareza e simplicidade**: O branco transmite uma sensação de clareza e simplicidade, ideal para ambientes onde é necessário promover a transparência e a organização.
- **Neutralidade e equilíbrio**: Evoca sentimentos de neutralidade e equilíbrio, facilitando a comunicação objetiva.

- **Espaço e luminosidade**: Transmite uma sensação de espaço e luminosidade, ajudando a criar um ambiente arejado e aberto.

APLICAÇÕES PRÁTICAS DO BRANCO

Criação de ambientes claros e organizados

O branco pode ser usado para criar ambientes que promovem a clareza e a organização, essenciais em negociações e reuniões de negócios.

Exemplo prático: Pintar as paredes de uma sala de reuniões em branco pode ajudar a criar um espaço onde os participantes se sintam mais focados e dispostos a tomar decisões objetivas.

Branding e identidade visual

Muitas marcas utilizam o branco em seus logotipos e materiais de marketing para transmitir uma imagem de simplicidade, clareza e modernidade.

Exemplo prático: Empresas de tecnologia e saúde muitas vezes usam o branco para comunicar inovação e limpeza, criando uma conexão positiva com seus clientes.

Apresentações e materiais de comunicação

Usar branco em apresentações e materiais de comunicação pode ajudar a transmitir uma mensagem de clareza e simplicidade, mantendo a atenção do público de maneira positiva.

> **Exemplo prático**: Incorporar fundos brancos e elementos visuais simples em uma apresentação pode reforçar a mensagem de clareza e organização que você deseja transmitir.

Vestuário profissional

Vestir-se em tons de branco pode ajudar a projetar uma imagem de clareza e confiabilidade em ambientes de negócios.

> **Exemplo prático**: Optar por uma camisa ou blusa branca em uma reunião importante pode ajudar a reforçar sua imagem como uma pessoa clara e objetiva.

DIFERENTES TONS DE BRANCO E SEUS EFEITOS

Branco puro

O branco puro é associado à pureza e à perfeição. É uma excelente escolha para ambientes que precisam transmitir clareza e simplicidade.

Exemplo prático: Usar branco puro em áreas de recepção pode ajudar a criar uma atmosfera limpa e acolhedora para visitantes.

Branco off-white

O branco off-white é um tom suave e acolhedor, que combina a pureza do branco com um toque de calor. Pode ser usado para transmitir conforto e acessibilidade.

Exemplo prático: Usar branco off-white em campanhas de marketing para produtos de bem-estar pode ajudar a comunicar uma mensagem de conforto e modernidade.

Branco neve

O branco neve é um tom brilhante e refrescante, frequentemente associado à inovação e à modernidade. É ideal para situações que exigem foco e clareza.

Exemplo prático: Incorporar branco neve em materiais de apresentação para negociações importantes pode ajudar a criar um ambiente claro e focado.

ESTRATÉGIAS DE USO DO BRANCO EM NEGOCIAÇÕES

Estabelecendo um ambiente de clareza

Ao iniciar uma negociação, usar elementos visuais brancos pode ajudar a criar uma base de clareza e objetividade, incentivando uma abordagem transparente.

> **Exemplo prático**: Iniciar uma apresentação de negociação com slides predominantemente brancos pode ajudar a criar uma impressão inicial de clareza e foco.

Reduzindo a complexidade

Em situações de negociação complexa, incorporar o branco pode ajudar a simplificar a apresentação das informações e facilitar a compreensão dos participantes.

> **Exemplo prático**: Usar fundos brancos e gráficos simples em uma apresentação pode ajudar a destacar informações importantes e reduzir a complexidade.

Reforçando mensagens de transparência e honestidade

Se a sua negociação envolve temas de transparência, honestidade ou integridade, o uso do branco pode reforçar essas mensagens de maneira eficaz.

Exemplo prático: Em negociações de contratos de longo prazo ou projetos de responsabilidade social, usar o branco em documentos e materiais de apresentação pode ajudar a comunicar uma mensagem de clareza e honestidade.

O branco é uma cor versátil e poderosa que pode ser usada para criar ambientes de clareza e promover a simplicidade em negociações e comunicações de negócios. Entender os efeitos psicológicos do branco e aplicar essa cor estrategicamente pode melhorar significativamente a eficácia das suas interações profissionais.

Compreender o impacto do branco na promoção de clareza e simplicidade é uma peça essencial na sua estratégia de comunicação. No próximo capítulo, vamos explorar o uso do preto para transmitir sofisticação e luxo.

O PRETO PARA SOFISTICAÇÃO E LUXO

O preto é uma cor que evoca sentimentos de sofisticação, autoridade e luxo. Sua capacidade de transmitir poder e exclusividade a torna uma escolha estratégica em negociações e comunicações de negócios, especialmente em situações que exigem uma presença forte e uma imagem de alta qualidade. Neste capítulo, vamos explorar como o preto pode ser usado para criar um ambiente de sofisticação e transmitir uma sensação de autoridade. Você aprenderá a aplicar essa cor de maneira eficaz para melhorar suas interações e alcançar resultados mais impactantes.

O IMPACTO DO PRETO NA COMUNICAÇÃO

Características do preto

O preto é uma cor elegante e poderosa, frequentemente associada ao luxo, à seriedade e à autoridade. Sua presença pode ajudar a criar um ambiente de respeito e exclusividade, facilitando a comunicação de mensagens importantes e a tomada de decisões.

Emocional e psicológico

- **Sofisticação e luxo**: O preto transmite uma sensação de sofisticação e luxo, ideal para ambientes que visam transmitir alta qualidade e exclusividade.

- **Autoridade e poder**: Evoca sentimentos de autoridade e poder, facilitando a criação de uma presença forte e respeitável.
- **Seriedade e formalidade**: Transmite uma sensação de seriedade e formalidade, tornando-o ideal para contextos profissionais de alto nível.

APLICAÇÕES PRÁTICAS DO PRETO

Criação de ambientes sofisticados

O preto pode ser usado para criar ambientes que promovem a sofisticação e a autoridade, essenciais em negociações e reuniões de negócios de alto nível.

Exemplo prático: Usar móveis ou elementos de decoração pretos em uma sala de reuniões pode ajudar a criar um espaço onde os participantes se sintam mais respeitados e impressionados pela seriedade do ambiente.

Branding e identidade visual

Muitas marcas de luxo utilizam o preto em seus logotipos e materiais de marketing para transmitir uma imagem de exclusividade, sofisticação e alta qualidade.

Exemplo prático: Marcas como Chanel e Mercedes-Benz usam o preto para comunicar luxo e autoridade, criando uma conexão emocional com seus clientes que valorizam a exclusividade.

Apresentações e materiais de comunicação

Usar preto em apresentações e materiais de comunicação pode ajudar a transmitir uma mensagem de seriedade e sofisticação, mantendo a atenção do público de maneira positiva.

Exemplo prático: Incorporar fundos pretos e elementos visuais sofisticados em uma apresentação pode reforçar a mensagem de autoridade e exclusividade que você deseja transmitir.

Vestuário profissional

Vestir-se em tons de preto pode ajudar a projetar uma imagem de autoridade e sofisticação em ambientes de negócios.

Exemplo prático: Optar por um terno ou vestido preto em uma reunião importante pode ajudar a reforçar sua imagem como uma pessoa poderosa e respeitável.

DIFERENTES TONS DE PRETO E SEUS EFEITOS

Preto puro

O preto puro é associado à elegância e ao poder. É uma excelente escolha para ambientes que precisam transmitir seriedade e autoridade.

> **Exemplo prático**: Usar preto puro em áreas de recepção pode ajudar a criar uma atmosfera impressionante e respeitável para visitantes.

Preto carvão

O preto carvão é um tom suave e acolhedor, que combina a sofisticação do preto com um toque de calor. Pode ser usado para transmitir seriedade com um toque de acessibilidade.

> **Exemplo prático**: Usar preto carvão em campanhas de marketing para produtos de luxo pode ajudar a comunicar uma mensagem de exclusividade e modernidade.

Preto fosco

O preto fosco é um tom moderno e inovador, frequentemente associado à alta tecnologia e à inovação. É ideal para situações que exigem sofisticação e modernidade.

Exemplo prático: Incorporar preto fosco em materiais de apresentação para negociações importantes pode ajudar a criar um ambiente sofisticado e inovador.

ESTRATÉGIAS DE USO DO PRETO EM NEGOCIAÇÕES

Estabelecendo um ambiente de autoridade

Ao iniciar uma negociação, usar elementos visuais pretos pode ajudar a criar uma base de autoridade e seriedade, incentivando uma abordagem respeitosa.

Exemplo prático: Iniciar uma apresentação de negociação com slides predominantemente pretos pode ajudar a criar uma impressão inicial de autoridade e sofisticação.

Comunicando exclusividade

Em situações de negociação que envolvem produtos ou serviços de luxo, incorporar o preto pode ajudar a comunicar uma sensação de exclusividade e alta qualidade.

Exemplo prático: Usar embalagens pretas para produtos de luxo pode ajudar a destacar a exclusividade e a qualidade superior do produto.

Reforçando mensagens de seriedade e formalidade

Se a sua negociação envolve temas de seriedade, formalidade ou alta responsabilidade, o uso do preto pode reforçar essas mensagens de maneira eficaz.

> **Exemplo prático**: Em negociações de contratos importantes ou projetos de grande escala, usar o preto em documentos e materiais de apresentação pode ajudar a comunicar uma mensagem de seriedade e autoridade.

O preto é uma cor versátil e poderosa que pode ser usada para criar ambientes de sofisticação e promover a autoridade em negociações e comunicações de negócios. Entender os efeitos psicológicos do preto e aplicar essa cor estrategicamente pode melhorar significativamente a eficácia das suas interações profissionais.

Compreender o impacto do preto na promoção de sofisticação e autoridade é uma peça essencial na sua estratégia de comunicação. No próximo capítulo, vamos explorar o uso de cores vibrantes para sugerir criatividade e inovação.

CORES VIBRANTES PARA INOVAÇÃO

As cores vibrantes, como laranja e roxo, têm a capacidade de evocar sentimentos de criatividade, energia e inovação. Essas cores são poderosas aliadas na comunicação e nas negociações, especialmente em ambientes dinâmicos e criativos. Neste capítulo, vamos explorar como o uso estratégico de cores vibrantes pode sugerir inovação e criatividade, ajudando a criar um ambiente de energia positiva e pensamento inovador. Você aprenderá a aplicar essas cores de maneira eficaz para melhorar suas interações e alcançar resultados mais inspiradores.

O IMPACTO DAS CORES VIBRANTES NA COMUNICAÇÃO

Características das cores vibrantes

Cores vibrantes são visualmente estimulantes e frequentemente associadas a emoções fortes e positivas. Elas podem capturar a atenção rapidamente e manter o interesse do público, facilitando a comunicação e o engajamento.

Emocional e psicológico

- **Energia e dinamismo**: Cores vibrantes, como laranja e roxo, transmitem energia e dinamismo, ideais para ambientes que promovem a criatividade e a inovação.
- **Criatividade e inovação**: Evocam sentimentos de criatividade e novidade,

incentivando o pensamento inovador e a resolução de problemas.
- **Entusiasmo e positividade**: Transmitem uma sensação de entusiasmo e otimismo, ajudando a criar um ambiente de trabalho positivo e motivador.

APLICAÇÕES PRÁTICAS DAS CORES VIBRANTES

Criação de ambientes criativos

Cores vibrantes podem ser usadas para criar ambientes que promovem a criatividade e a inovação, essenciais em negociações e reuniões de brainstorming.

> **Exemplo prático**: Pintar as paredes de uma sala de reuniões ou áreas de trabalho colaborativo em tons de laranja ou roxo pode ajudar a estimular a criatividade e a energia dos participantes.

Branding e identidade visual

Muitas marcas inovadoras utilizam cores vibrantes em seus logotipos e materiais de marketing para transmitir uma imagem de criatividade, energia e modernidade.

> **Exemplo prático**: Empresas como Fanta e FedEx usam cores vibrantes para comunicar

energia e inovação, criando uma conexão emocional com seus clientes.

Apresentações e materiais de comunicação

Usar cores vibrantes em apresentações e materiais de comunicação pode ajudar a transmitir uma mensagem de inovação e dinamismo, mantendo a atenção do público de maneira positiva.

> **Exemplo prático**: Incorporar gráficos e elementos visuais em laranja ou roxo em uma apresentação pode reforçar a mensagem de criatividade e energia que você deseja transmitir.

Vestuário profissional

Vestir-se em tons vibrantes pode ajudar a projetar uma imagem de criatividade e entusiasmo em ambientes de negócios.

> **Exemplo prático**: Optar por uma camisa ou acessório laranja em uma reunião criativa pode ajudar a reforçar sua imagem como uma pessoa inovadora e energética.

DIFERENTES CORES VIBRANTES E SEUS EFEITOS

Laranja

O laranja é uma cor quente e energética, associada ao entusiasmo, à criatividade e à inovação. É uma excelente escolha para ambientes que precisam transmitir energia e dinamismo.

> **Exemplo prático**: Usar laranja em áreas de trabalho criativo pode ajudar a estimular a energia e a criatividade dos colaboradores.

Roxo

O roxo é uma cor sofisticada e misteriosa, frequentemente associada à criatividade, à inovação e à espiritualidade. Pode ser usado para transmitir uma sensação de originalidade e luxo.

> **Exemplo prático**: Incorporar roxo em campanhas de marketing para produtos de alta tecnologia pode ajudar a comunicar uma mensagem de inovação e exclusividade.

Amarelo vibrante

O amarelo vibrante é uma cor alegre e otimista, que transmite felicidade e inovação. É ideal para situações que exigem pensamento criativo e positivo.

> **Exemplo prático**: Usar amarelo vibrante em materiais de apresentação pode ajudar a criar um ambiente de otimismo e inovação.

ESTRATÉGIAS DE USO DE CORES VIBRANTES EM NEGOCIAÇÕES

Estabelecendo um ambiente de inovação

Ao iniciar uma negociação, usar elementos visuais vibrantes pode ajudar a criar uma base de criatividade e energia, incentivando uma abordagem inovadora.

Exemplo prático: Iniciar uma apresentação de negociação com slides predominantemente vibrantes pode ajudar a criar uma impressão inicial de energia e inovação.

Estimulando a criatividade

Em situações de brainstorming ou resolução de problemas, incorporar cores vibrantes pode ajudar a estimular a criatividade e o pensamento inovador.

Exemplo prático: Usar decoração laranja em uma sala de brainstorming pode ajudar a aumentar a energia e a criatividade dos participantes.

Reforçando mensagens de inovação e modernidade

Se a sua negociação envolve temas de inovação, modernidade ou criatividade, o uso de cores vibrantes pode reforçar essas mensagens de maneira eficaz.

Exemplo prático: Em negociações de projetos de alta tecnologia ou produtos inovadores, usar roxo em documentos e materiais de apresentação pode ajudar a comunicar uma mensagem de originalidade e modernidade.

Cores vibrantes são ferramentas poderosas que podem ser usadas para criar ambientes de criatividade e promover a inovação em negociações e comunicações de negócios. Entender os efeitos psicológicos das cores vibrantes e aplicá-las estrategicamente pode melhorar significativamente a eficácia das suas interações profissionais.

Compreender o impacto das cores vibrantes na promoção de criatividade e inovação é uma peça essencial na sua estratégia de comunicação. No próximo capítulo, vamos explorar como utilizar as cores para encerrar negociações de maneira positiva.

UTILIZANDO AS CORES PARA ENCERRAR NEGOCIAÇÕES

Encerrar uma negociação de maneira positiva é crucial para garantir que todas as partes envolvidas se sintam satisfeitas e comprometidas com o acordo. As cores podem desempenhar um papel significativo nesse processo, ajudando a criar um ambiente favorável ao fechamento e reforçando a sensação de conclusão bem-sucedida. Neste capítulo, vamos explorar como as cores podem ser usadas estrategicamente para encerrar negociações de maneira positiva e eficaz. Você aprenderá táticas práticas para aplicar essas cores em diferentes contextos de negociação.

O IMPACTO DAS CORES NO ENCERRAMENTO DE NEGOCIAÇÕES

Características das cores no fechamento

As cores podem influenciar o estado emocional e a percepção das partes envolvidas no momento de encerrar uma negociação. Escolher as cores certas pode ajudar a criar uma atmosfera de confiança, satisfação e conclusão.

Emocional e psicológico

- **Confiança e segurança**: Cores como azul e verde podem transmitir confiança e segurança, essenciais para garantir que as partes se sintam confortáveis com o acordo.
- **Positividade e otimismo**: Cores como amarelo e laranja podem evocar sentimentos

de felicidade e otimismo, reforçando a sensação de um resultado positivo.

- **Simplicidade e clareza**: Cores como branco e cinza podem ajudar a transmitir clareza e simplicidade, facilitando a compreensão dos termos do acordo.

APLICAÇÕES PRÁTICAS DAS CORES NO ENCERRAMENTO

Criação de ambientes de confiança

O uso de cores que transmitem confiança pode ajudar a assegurar que todas as partes se sintam seguras e confortáveis com a decisão tomada.

Exemplo prático: Pintar as paredes da sala de reuniões com tons de azul ou verde pode criar um ambiente que promova confiança e tranquilidade durante a finalização da negociação.

Reforço de mensagens positivas

Usar cores que evocam sentimentos positivos pode ajudar a reforçar a sensação de satisfação e sucesso no encerramento da negociação.

Exemplo prático: Incorporar elementos visuais em amarelo ou laranja nos materiais de encerramento da negociação pode ajudar a criar uma sensação de entusiasmo e otimismo sobre o acordo alcançado.

Simplificação e clareza

Utilizar cores que transmitem clareza pode ajudar a garantir que todos os termos do acordo sejam facilmente compreendidos, evitando ambiguidades.

> **Exemplo prático**: Usar fundos brancos ou cinza claro nos documentos finais da negociação pode ajudar a destacar informações importantes e facilitar a leitura e compreensão dos termos do acordo.

Realce dos elementos críticos

Destaque os pontos críticos do acordo utilizando cores que chamem a atenção, mas de forma equilibrada, para garantir que todos os detalhes importantes sejam notados e compreendidos.

> **Exemplo prático**: Utilizar vermelho ou laranja em subtítulos e pontos-chave dos documentos finais pode ajudar a garantir que esses elementos sejam notados e compreendidos por todas as partes.

ESTRATÉGIAS DE USO DE CORES PARA ENCERRAMENTO POSITIVO

Estabelecendo um ambiente favorável

Ao aproximar-se do fechamento da negociação, ajustar o ambiente visual com cores apropriadas pode ajudar a facilitar uma conclusão tranquila e positiva.

Exemplo prático: Gradualmente, introduzir elementos decorativos em verde e azul à medida que a negociação se aproxima do fechamento pode ajudar a criar um ambiente calmo e confiante.

Reforçando a importância do acordo

Usar cores que evocam seriedade e importância pode ajudar a comunicar a significância do acordo, garantindo que todas as partes compreendam o valor da decisão tomada.

Exemplo prático: Usar preto ou azul escuro em gráficos e tabelas nos documentos finais pode ajudar a transmitir a seriedade e importância dos pontos acordados.

Celebrando o sucesso

Incorporar cores que simbolizem celebração e sucesso pode ajudar a reforçar o sentimento de realização e satisfação com o acordo alcançado.

Exemplo prático: Adicionar elementos visuais dourados ou prateados nos materiais de encerramento e nas celebrações pós-negociação pode ajudar a criar um ambiente de comemoração e sucesso.

As cores são uma ferramenta poderosa que pode ser usada para criar um ambiente favorável ao encerramento positivo de negociações. Entender os efeitos psicológicos das cores e aplicá-las estrategicamente pode melhorar significativamente a eficácia das suas interações e garantir que todas as partes se sintam satisfeitas com o resultado.

Compreender o impacto das cores no encerramento de negociações é uma peça essencial na sua estratégia de comunicação. No próximo capítulo, vamos explorar como o ambiente de negociação pode ser influenciado pela cor.

CORES E A SALA DE NEGOCIAÇÕES

O ambiente físico onde ocorrem as negociações pode ter um impacto significativo no processo e nos resultados das discussões. As cores utilizadas na sala de negociações desempenham um papel crucial na criação de um ambiente favorável, influenciando o estado emocional e psicológico dos participantes. Neste capítulo, vamos explorar como diferentes cores podem ser usadas estrategicamente para otimizar o ambiente de negociação, promovendo a comunicação eficaz e o bem-estar dos participantes. Você aprenderá a aplicar essas cores de maneira eficaz para melhorar suas interações e alcançar resultados mais favoráveis.

O IMPACTO DAS CORES NO AMBIENTE DE NEGOCIAÇÃO

Características das cores no espaço físico

As cores escolhidas para uma sala de negociações podem influenciar o comportamento, a percepção e o humor dos participantes. Cada cor tem associações psicológicas específicas que podem ser aproveitadas para criar o ambiente desejado.

Emocional e psicológico

- **Calma e foco**: Cores como azul e verde podem ajudar a criar um ambiente calmo e focado, ideal para negociações complexas e detalhadas.
- **Energia e dinamismo**: Cores como vermelho e laranja podem aumentar a energia e a

excitação, úteis em discussões que requerem criatividade e entusiasmo.
- **Neutralidade e clareza**: Cores neutras como branco e cinza podem promover a clareza e a objetividade, facilitando a comunicação clara e direta.

APLICAÇÕES PRÁTICAS DAS CORES NA SALA DE NEGOCIAÇÃO

Criação de ambientes calmos e focados

Usar cores que promovam a calma e o foco pode ajudar a criar um ambiente onde os participantes se sintam tranquilos e concentrados, facilitando discussões produtivas.

> **Exemplo prático**: Pintar as paredes da sala de reuniões em tons de azul ou verde suave pode ajudar a criar um ambiente de calma e foco, ideal para negociações que exigem atenção aos detalhes e paciência.

Estímulo à criatividade e energia

Incorporar cores que aumentem a energia e a criatividade pode ser útil em sessões de brainstorming ou discussões que envolvam a geração de novas ideias e soluções inovadoras.

Exemplo prático: Usar elementos decorativos em vermelho ou laranja em áreas de brainstorming pode ajudar a estimular a energia e a criatividade dos participantes.

Promoção da neutralidade e clareza

Cores neutras podem ser usadas para criar um ambiente de clareza e neutralidade, facilitando a comunicação objetiva e a tomada de decisões racionais.

Exemplo prático: Utilizar branco ou cinza claro nas paredes e móveis da sala de reuniões pode ajudar a criar um ambiente claro e organizado, promovendo discussões objetivas e focadas.

Criação de espaços acolhedores e convidativos

Cores que transmitem acolhimento e conforto podem ajudar a criar um ambiente onde os participantes se sintam à vontade e dispostos a colaborar.

Exemplo prático: Incorporar tons suaves de rosa ou bege na decoração pode ajudar a criar um ambiente acolhedor e convidativo, facilitando a colaboração e a comunicação aberta.

ESTRATÉGIAS DE USO DE CORES NA SALA DE NEGOCIAÇÃO

Adaptando as cores ao tipo de negociação

Escolher cores que se alinhem com o objetivo da negociação pode ajudar a criar o ambiente ideal para as discussões.

> **Exemplo prático**: Para negociações que exigem muita criatividade, como desenvolvimento de produtos, usar cores energéticas como laranja e vermelho pode ser benéfico. Para negociações financeiras ou contratuais, usar cores neutras como branco e cinza pode ajudar a manter o foco e a clareza.

Uso de acessórios e elementos decorativos

Além das cores das paredes, acessórios e elementos decorativos podem ser usados para ajustar o ambiente de acordo com as necessidades da negociação.

> **Exemplo prático**: Adicionar plantas verdes pode não só trazer um toque de cor, mas também ajudar a melhorar a qualidade do ar e promover um ambiente mais relaxante e saudável.

Flexibilidade no design da sala

Criar um ambiente flexível que permita ajustes rápidos nas cores e na decoração pode ser útil para adaptar a sala de negociação às necessidades específicas de cada reunião.

> **Exemplo prático**: Usar painéis móveis ou iluminação ajustável que permita mudar a cor do ambiente conforme necessário pode ajudar a criar o ambiente ideal para diferentes tipos de negociação.

As cores são uma ferramenta poderosa que pode ser usada para criar um ambiente favorável à comunicação e à negociação. Entender os efeitos psicológicos das cores e aplicá-las estrategicamente pode melhorar significativamente a eficácia das suas interações e garantir que todas as partes se sintam confortáveis e dispostas a colaborar.

Compreender o impacto das cores no ambiente de negociação é uma peça essencial na sua estratégia de comunicação. No próximo capítulo, vamos explorar o uso de cores no vestuário e nos acessórios durante negociações importantes.

ACESSÓRIOS E VESTUÁRIO NAS NEGOCIAÇÕES

A forma como você se veste e os acessórios que escolhe podem influenciar significativamente a percepção das outras partes em uma negociação. As cores que você utiliza em suas roupas e acessórios podem transmitir mensagens poderosas, afetando a dinâmica e os resultados da negociação. Neste capítulo, vamos explorar como escolher as cores certas para o vestuário e os acessórios durante negociações importantes, ajudando a criar a impressão desejada e a fortalecer sua posição. Você aprenderá a aplicar essas cores de maneira eficaz para melhorar suas interações e alcançar resultados mais favoráveis.

O IMPACTO DAS CORES NO VESTUÁRIO E ACESSÓRIOS

Características das cores no vestuário

As cores das roupas e acessórios que você escolhe podem influenciar a percepção dos outros sobre sua personalidade, competência e intenções. Cada cor tem associações psicológicas que podem ser aproveitadas para transmitir a mensagem desejada.

Emocional e psicológico

- **Confiança e autoridade**: Cores como azul escuro e preto podem transmitir confiança e autoridade, ideais para negociações onde você deseja afirmar sua posição.
- **Acolhimento e empatia**: Cores como rosa e azul claro podem evocar sentimentos de

empatia e acolhimento, facilitando a criação de uma conexão emocional positiva.
- **Energia e dinamismo**: Cores como vermelho e laranja podem transmitir energia e dinamismo, úteis em negociações que requerem entusiasmo e persuasão.
- **Neutralidade e profissionalismo**: Cores como branco, cinza e bege podem promover uma imagem de neutralidade e profissionalismo, facilitando a comunicação clara e objetiva.

APLICAÇÕES PRÁTICAS DAS CORES NO VESTUÁRIO

Escolhendo as cores certas para diferentes situações

A escolha das cores no vestuário deve ser alinhada com o tipo de negociação e a mensagem que você deseja transmitir.

Exemplo prático: Para uma negociação financeira ou contratual, optar por um terno azul escuro ou preto pode ajudar a transmitir confiança e seriedade. Para uma reunião de brainstorming criativo, uma camisa laranja ou vermelha pode estimular a energia e a inovação.

Combinando cores e acessórios

Os acessórios também desempenham um papel importante na construção da imagem desejada. Escolher cores que complementem o vestuário pode reforçar a mensagem que você deseja transmitir.

Exemplo prático: Combinar um relógio ou uma bolsa preta com um terno azul escuro pode reforçar a imagem de autoridade e profissionalismo. Usar um lenço ou gravata vermelha pode adicionar um toque de energia e dinamismo.

Transmitindo empatia e acolhimento

Se a negociação envolve a construção de relações e a criação de uma conexão emocional, cores suaves e acolhedoras podem ser mais eficazes.

Exemplo prático: Optar por um vestido ou camisa rosa ou azul claro pode ajudar a transmitir uma imagem de empatia e acessibilidade, facilitando a construção de um relacionamento positivo com a outra parte.

DIFERENTES CORES NO VESTUÁRIO E SEUS EFEITOS

Azul escuro

O azul escuro é associado à confiança, estabilidade e autoridade. É uma excelente escolha para situações que exigem seriedade e profissionalismo.

> **Exemplo prático**: Usar um terno azul escuro em uma negociação importante pode ajudar a criar uma impressão de competência e confiabilidade.

Preto

O preto é uma cor poderosa e sofisticada, frequentemente associada à autoridade e ao luxo. É ideal para contextos que exigem uma presença forte e respeitável.

> **Exemplo prático**: Optar por um vestido ou terno preto em uma negociação de alto nível pode ajudar a reforçar sua imagem como uma pessoa poderosa e influente.

Vermelho

O vermelho é uma cor energética e apaixonada, que pode chamar atenção e transmitir dinamismo. É útil em situações que requerem persuasão e entusiasmo.

> **Exemplo prático**: Usar uma gravata ou lenço vermelho pode ajudar a adicionar um toque de energia e intensidade à sua apresentação.

Branco

O branco é uma cor pura e neutra, associada à clareza e simplicidade. É ideal para transmitir uma imagem de transparência e honestidade.

Exemplo prático: Optar por uma camisa ou blusa branca em uma reunião pode ajudar a criar uma impressão de clareza e integridade.

Cinza

O cinza é uma cor neutra e equilibrada, frequentemente associada à sofisticação e neutralidade. É uma escolha sólida para contextos que exigem objetividade e profissionalismo.

Exemplo prático: Usar um terno cinza pode ajudar a transmitir uma imagem de equilíbrio e seriedade, ideal para negociações complexas.

ESTRATÉGIAS DE USO DAS CORES NO VESTUÁRIO

Adaptando as cores ao público-alvo

É importante considerar o público-alvo e o contexto cultural ao escolher as cores do vestuário. Algumas cores podem ter diferentes conotações em diferentes culturas.

Exemplo prático: Em culturas onde o branco é associado ao luto, como na China, optar por cores como azul ou cinza pode ser mais apropriado para transmitir profissionalismo e respeito.

Uso de acessórios para complementar a mensagem

Os acessórios podem ser usados para complementar e reforçar a mensagem transmitida pelo vestuário.

Exemplo prático: Usar acessórios discretos e elegantes, como relógios e canetas de alta qualidade, pode ajudar a reforçar uma imagem de sofisticação e atenção aos detalhes.

Mantendo a coerência na identidade visual

Manter a coerência na escolha das cores do vestuário e dos acessórios pode ajudar a reforçar sua identidade visual e criar uma impressão duradoura.

Exemplo prático: Se sua marca pessoal ou corporativa utiliza uma paleta de cores específica, incorporar essas cores em seu vestuário pode ajudar a reforçar a identidade visual e a imagem de marca.

As cores no vestuário e nos acessórios são ferramentas poderosas que podem ser usadas para criar a impressão desejada e melhorar a eficácia das suas interações em negociações. Entender os efeitos psicológicos das cores e aplicá-las estrategicamente pode ajudar a fortalecer sua posição e alcançar resultados mais favoráveis.

Compreender o impacto das cores no vestuário e nos acessórios é uma peça essencial na sua estratégia de comunicação. No próximo capítulo, vamos explorar a personalização de cores para públicos específicos.

PERSONALIZANDO CORES PARA PÚBLICOS ESPECÍFICOS

A personalização das cores é uma estratégia poderosa para garantir que sua mensagem seja bem recebida e eficaz em diferentes contextos e com diversos públicos. Cada grupo de pessoas pode ter preferências, percepções e associações culturais distintas em relação às cores, e adaptar-se a essas nuances pode fazer toda a diferença em uma negociação ou comunicação. Neste capítulo, vamos explorar como personalizar o uso de cores com base no público-alvo e nos stakeholders, garantindo que sua mensagem seja ressonante e impactante.

O IMPACTO DA PERSONALIZAÇÃO DAS CORES

Características das cores para diferentes públicos

A percepção das cores pode variar significativamente entre diferentes grupos demográficos, culturais e profissionais. Entender essas variações e adaptar suas escolhas de cores pode melhorar a eficácia da sua comunicação e fortalecer suas negociações.

Emocional e Psicológico

- **Cultural**: As cores têm significados diferentes em várias culturas. Por exemplo, o branco pode ser associado à pureza em algumas culturas ocidentais, mas ao luto em culturas asiáticas.
- **Demográfico**: Grupos de diferentes idades e gêneros podem ter preferências de cores

distintas. Jovens podem preferir cores vibrantes, enquanto adultos podem se sentir mais atraídos por cores neutras.
- **Setorial**: Diferentes setores da indústria podem ter associações particulares com certas cores. O verde pode ser popular em setores de saúde e sustentabilidade, enquanto o azul é comum em tecnologia e finanças.

APLICAÇÕES PRÁTICAS DA PERSONALIZAÇÃO DAS CORES

Adaptando cores ao contexto cultural

Entender as associações culturais das cores pode ajudar a evitar mal-entendidos e garantir que sua mensagem seja recebida de maneira positiva.

> **Exemplo prático**: Em uma negociação com parceiros japoneses, evitar o uso excessivo de branco, que está associado ao luto, e optar por cores como verde e azul, que são vistas como positivas e harmoniosas.

Considerando preferências demográficas

As preferências de cores podem variar com base em fatores demográficos como idade, gênero e localização geográfica.

> **Exemplo prático**: Em uma campanha de marketing voltada para um público jovem, usar cores vibrantes e energéticas como laranja e roxo pode ser mais eficaz. Para um público mais maduro, cores como azul e cinza podem transmitir estabilidade e confiança.

Ajustando cores por setor

Cada setor da indústria pode ter cores que são mais eficazes para transmitir certas mensagens. Escolher as cores certas pode ajudar a reforçar sua credibilidade e ressoar com o público do setor.

> **Exemplo prático**: Em uma apresentação para investidores no setor financeiro, usar azul e cinza pode transmitir profissionalismo e segurança. Em uma feira de sustentabilidade, cores como verde e marrom podem destacar seu compromisso com práticas ambientais.

Personalização nas apresentações e materiais de comunicação

Personalizar as cores nos seus materiais de comunicação pode ajudar a fortalecer a conexão com o público-alvo.

> **Exemplo prático**: Se sua empresa está apresentando um projeto para uma organização que valoriza a inovação, usar

cores vibrantes e modernas como turquesa e magenta pode ajudar a transmitir uma mensagem de criatividade e inovação.

ESTRATÉGIAS DE USO DAS CORES PARA PÚBLICOS ESPECÍFICOS

Pesquisa e conhecimento do público

Realizar pesquisas para entender as preferências e associações de cores do seu público-alvo pode fornecer insights valiosos para a personalização das suas comunicações.

> **Exemplo prático**: Conduzir pesquisas de mercado ou grupos focais para descobrir quais cores seu público-alvo associa com confiança, inovação e outros valores importantes para sua mensagem.

Flexibilidade e adaptação

Ser flexível e adaptar suas escolhas de cores com base no feedback e nas necessidades do público pode ajudar a manter a relevância e a eficácia da sua comunicação.

> **Exemplo prático**: Após receber feedback de que uma apresentação parecia muito formal, ajustar a paleta de cores para incluir mais

tons acolhedores e vibrantes pode tornar a mensagem mais acessível e envolvente.

Consistência com a identidade visual

Embora a personalização seja importante, manter uma consistência com a identidade visual da sua marca é essencial para reforçar o reconhecimento e a credibilidade.

Exemplo prático: Personalizar as cores para diferentes públicos, mas mantendo elementos chave da identidade visual da marca, como logotipos e fontes, para garantir a coerência.

A personalização das cores é uma estratégia poderosa que pode ser usada para garantir que sua mensagem seja bem recebida e eficaz em diferentes contextos e com diversos públicos. Entender as preferências e associações culturais das cores e aplicar esse conhecimento estrategicamente pode melhorar significativamente a eficácia das suas interações e garantir resultados positivos.

Compreender o impacto da personalização das cores para públicos específicos é uma peça essencial na sua estratégia de comunicação. No próximo capítulo, vamos explorar a aplicação de cores no design de websites para negócios e e-commerce.

A APLICAÇÃO DE CORES NO DESIGN DE WEBSITES PARA NEGÓCIOS E E-COMMERCE

As cores desempenham um papel crucial no design de websites, influenciando a percepção dos usuários, o comportamento de navegação e, consequentemente, as taxas de conversão. No contexto de negócios e e-commerce, escolher e combinar as cores certas pode melhorar a experiência do usuário, aumentar a confiança e incentivar a ação desejada. Neste capítulo, vamos explorar como aplicar cores de forma estratégica no design de websites para criar uma experiência de usuário atraente e eficaz. Você aprenderá a selecionar e combinar cores para otimizar a performance do seu site e alcançar resultados mais favoráveis.

O IMPACTO DAS CORES NO DESIGN DE WEBSITES

Características das cores no ambiente digital

As cores no design de websites afetam a forma como os usuários percebem e interagem com o site. Cada cor tem suas associações psicológicas e pode influenciar o comportamento do usuário de maneiras específicas.

Emocional e psicológico

- **Confiança e credibilidade**: Cores como azul e verde podem transmitir confiança e credibilidade, essenciais para sites de negócios e e-commerce.

- **Energia e ação**: Cores como vermelho e laranja podem incentivar ações e aumentar a taxa de conversão.
- **Calma e clareza**: Cores como branco e cinza podem criar uma sensação de calma e clareza, facilitando a navegação e a compreensão das informações.

APLICAÇÕES PRÁTICAS DAS CORES NO WEB DESIGN

Seleção de paleta de cores

A escolha de uma paleta de cores harmoniosa e coerente é fundamental para criar uma experiência de usuário agradável e eficaz.

Exemplo prático: Para um site de e-commerce, escolher uma paleta de cores que inclui azul para confiança, verde para segurança e laranja para chamadas à ação pode ajudar a criar um ambiente confiável e incentivar compras.

Cores para elementos específicos

Diferentes elementos do site podem ser destacados usando cores específicas para guiar a atenção do usuário e promover a ação desejada.

Exemplo prático: Usar vermelho ou laranja para botões de chamada à ação, como

"Compre Agora" ou "Assine", pode ajudar a captar a atenção do usuário e aumentar a taxa de conversão.

Consistência com a identidade da marca

Manter a consistência das cores com a identidade visual da marca é crucial para fortalecer o reconhecimento e a lealdade à marca.

> **Exemplo prático**: Se a identidade visual da sua marca é predominantemente azul, garantir que essa cor esteja presente nos elementos principais do site, como o cabeçalho e o rodapé, pode ajudar a reforçar a identidade da marca.

Uso de espaços em branco

Espaços em branco (ou negativos) são essenciais para criar um design limpo e organizado, melhorando a legibilidade e a navegação.

> **Exemplo prático**: Incorporar espaços em branco ao redor de textos e imagens pode ajudar a focar a atenção do usuário nas informações importantes e tornar a navegação mais agradável.

Adaptabilidade e responsividade

Garantir que as cores do seu site funcionem bem em diferentes dispositivos e tamanhos de tela é crucial para manter uma experiência de usuário consistente.

Exemplo prático: Testar a paleta de cores em dispositivos móveis e desktops para garantir que as cores sejam visualmente agradáveis e funcionais em todos os tamanhos de tela.

ESTRATÉGIAS DE USO DE CORES NO WEB DESIGN

Guiar a navegação do usuário

Usar cores para guiar a navegação do usuário e destacar elementos importantes pode melhorar a usabilidade do site.

Exemplo prático: Usar uma cor contrastante para links e botões de navegação pode ajudar os usuários a identificar facilmente onde clicar para encontrar as informações que procuram.

Criar hierarquia visual

Utilizar cores para criar uma hierarquia visual clara pode ajudar os usuários a entender a importância e a relação entre diferentes elementos do site.

> **Exemplo prático**: Usar diferentes tons de uma cor para títulos, subtítulos e texto de corpo pode ajudar a criar uma hierarquia visual clara e fácil de seguir.

Evitar sobrecarga de cores

Embora as cores sejam importantes, usar muitas cores diferentes pode criar confusão e distração. Manter a simplicidade é essencial.

> **Exemplo prático**: Limitar a paleta de cores a três ou quatro cores principais pode ajudar a criar um design coeso e agradável, evitando a sobrecarga visual.

As cores são uma ferramenta poderosa no design de websites, capazes de influenciar a percepção do usuário, o comportamento de navegação e as taxas de conversão. Entender os efeitos psicológicos das cores e aplicá-las estrategicamente pode melhorar significativamente a eficácia do seu site, proporcionando uma experiência de usuário mais agradável e eficaz.

Compreender o impacto das cores no design de websites é uma peça essencial na sua estratégia de comunicação digital. No próximo capítulo, vamos explorar a psicologia das cores em apresentações.

PSICOLOGIA DAS CORES EM APRESENTAÇÕES

As cores desempenham um papel crucial em apresentações, influenciando a percepção, o engajamento e a retenção de informações por parte da audiência. Utilizar cores de forma estratégica em slides e materiais de apresentação pode ajudar a transmitir mensagens claras, manter a atenção e persuadir sua audiência de maneira eficaz. Neste capítulo, vamos explorar como usar cores em apresentações para influenciar a audiência e alcançar seus objetivos de comunicação. Você aprenderá a escolher e combinar cores para criar apresentações impactantes e envolventes.

O IMPACTO DAS CORES NAS APRESENTAÇÕES

Características das cores nos slides

As cores podem influenciar a forma como sua audiência percebe e interage com sua apresentação. Cada cor tem associações psicológicas que podem ser utilizadas para transmitir diferentes emoções e mensagens.

Emocional e psicológico

- **Confiança e segurança**: Cores como azul e verde podem transmitir confiança e segurança, tornando a audiência mais receptiva às informações apresentadas.
- **Energia e ação**: Cores como vermelho e laranja podem aumentar a energia e o

dinamismo, incentivando a ação e o engajamento.
- **Calma e clareza**: Cores como branco e cinza podem criar uma sensação de calma e clareza, facilitando a compreensão e a retenção das informações.

APLICAÇÕES PRÁTICAS DAS CORES EM APRESENTAÇÕES

Seleção de paleta de cores

Escolher uma paleta de cores harmoniosa e coerente é essencial para criar slides visualmente agradáveis e eficazes.

Exemplo prático: Para uma apresentação corporativa, uma paleta de cores que inclui azul para confiança, verde para segurança e laranja para destacar pontos importantes pode ajudar a manter a audiência engajada e receptiva.

Cores para destacar informações

Usar cores para destacar informações importantes pode ajudar a guiar a atenção da audiência para os pontos-chave da apresentação.

Exemplo prático: Usar vermelho ou laranja para destacar dados críticos ou conclusões pode ajudar a garantir que esses pontos sejam notados e lembrados pela audiência.

Consistência com a identidade da marca

Manter a consistência das cores com a identidade visual da marca é crucial para reforçar o reconhecimento e a credibilidade.

Exemplo prático: Se a identidade visual da sua marca é predominantemente azul, garantir que essa cor esteja presente nos elementos principais dos slides pode ajudar a reforçar a identidade da marca e a mensagem da apresentação.

Uso de espaços em branco

Espaços em branco (ou negativos) são essenciais para criar um design limpo e organizado, melhorando a legibilidade e a atenção.

Exemplo prático: Incorporar espaços em branco ao redor de textos e gráficos pode ajudar a focar a atenção da audiência nas informações importantes e tornar a apresentação mais agradável de seguir.

ESTRATÉGIAS DE USO DAS CORES EM APRESENTAÇÕES

Criando hierarquia visual

Utilizar cores para criar uma hierarquia visual clara pode ajudar a audiência a entender a importância e a relação entre diferentes elementos da apresentação.

> **Exemplo prático**: Usar diferentes tons de uma cor para títulos, subtítulos e texto de corpo pode ajudar a criar uma hierarquia visual clara e fácil de seguir.

Evitando sobrecarga de cores

Embora as cores sejam importantes, usar muitas cores diferentes pode criar confusão e distração. Manter a simplicidade é essencial.

> **Exemplo prático**: Limitar a paleta de cores a três ou quatro cores principais pode ajudar a criar um design coeso e agradável, evitando a sobrecarga visual.

Guiando a atenção da audiência

Usar cores para guiar a atenção da audiência e destacar elementos importantes pode melhorar a usabilidade da apresentação.

> **Exemplo prático**: Usar uma cor contrastante para links e botões de navegação pode ajudar os usuários a identificar facilmente onde

clicar para encontrar as informações que procuram.

Adaptando as cores ao público-alvo

Considerar o público-alvo e adaptar as cores de acordo com suas preferências e percepções culturais pode melhorar a eficácia da apresentação.

Exemplo prático: Em uma apresentação para um público jovem, usar cores vibrantes e energéticas como laranja e roxo pode ser mais eficaz. Para um público corporativo, cores como azul e cinza podem transmitir mais profissionalismo e confiança.

As cores são uma ferramenta poderosa no design de apresentações, capazes de influenciar a percepção da audiência, o engajamento e a retenção de informações. Entender os efeitos psicológicos das cores e aplicá-las estrategicamente pode melhorar significativamente a eficácia das suas apresentações, proporcionando uma experiência de audiência mais agradável e impactante.

Compreender o impacto das cores nas apresentações é uma peça essencial na sua estratégia de comunicação. No próximo capítulo, vamos explorar as cores na publicidade impressa.

ESTRATÉGIAS PARA ESCOLHER CORES EM MATERIAIS DE PUBLICIDADE IMPRESSA

A publicidade impressa continua sendo uma ferramenta poderosa para alcançar públicos específicos e transmitir mensagens de maneira impactante. As cores desempenham um papel crucial na eficácia desses materiais, influenciando a atenção, a percepção e a ação do público. Neste capítulo, vamos explorar estratégias para escolher cores em materiais de publicidade impressa, garantindo que sua mensagem se destaque e ressoe com seu público-alvo. Você aprenderá a aplicar essas cores de maneira eficaz para melhorar a eficácia de suas campanhas publicitárias impressas e alcançar resultados mais positivos.

O IMPACTO DAS CORES NA PUBLICIDADE IMPRESSA

Características das cores em materiais impressos

As cores em materiais de publicidade impressa afetam a forma como o público percebe e interage com a mensagem. Cada cor tem suas associações psicológicas e pode influenciar o comportamento do público de maneiras específicas.

Emocional e psicológico

- **Atenção e retenção**: Cores vibrantes como vermelho e laranja podem atrair a atenção e aumentar a retenção da mensagem.
- **Confiança e credibilidade**: Cores como azul e verde podem transmitir confiança e credibilidade, essenciais para materiais

publicitários que buscam construir ou reforçar a reputação da marca.
- **Calma e clareza**: Cores como branco e cinza podem criar uma sensação de calma e clareza, facilitando a compreensão das informações.

APLICAÇÕES PRÁTICAS DAS CORES NA PUBLICIDADE IMPRESSA

Escolha de paleta de cores

Escolher uma paleta de cores harmoniosa e coerente é essencial para criar materiais de publicidade visualmente agradáveis e eficazes.

> **Exemplo prático**: Para um folheto publicitário, uma paleta de cores que inclui azul para confiança, verde para sustentabilidade e laranja para chamadas à ação pode ajudar a transmitir uma mensagem coesa e envolvente.

Cores para destacar informações importantes

Usar cores para destacar informações importantes pode ajudar a guiar a atenção do público para os pontos-chave do material publicitário.

> **Exemplo prático**: Usar vermelho ou laranja para destacar ofertas especiais ou benefícios

exclusivos pode ajudar a garantir que esses pontos sejam notados e lembrados pelo público.

Consistência com a identidade da marca

Manter a consistência das cores com a identidade visual da marca é crucial para reforçar o reconhecimento e a credibilidade.

Exemplo prático: Se a identidade visual da sua marca é predominantemente verde, garantir que essa cor esteja presente nos elementos principais dos materiais publicitários pode ajudar a reforçar a identidade da marca.

Uso de espaços em branco

Espaços em branco (ou negativos) são essenciais para criar um design limpo e organizado, melhorando a legibilidade e a atenção.

Exemplo prático: Incorporar espaços em branco ao redor de textos e imagens pode ajudar a focar a atenção do público nas informações importantes e tornar o material mais agradável de seguir.

ESTRATÉGIAS DE USO DAS CORES NA PUBLICIDADE IMPRESSA

Criando hierarquia visual

Utilizar cores para criar uma hierarquia visual clara pode ajudar o público a entender a importância e a relação entre diferentes elementos do material publicitário.

> **Exemplo prático**: Usar diferentes tons de uma cor para títulos, subtítulos e texto de corpo pode ajudar a criar uma hierarquia visual clara e fácil de seguir.

Evitando sobrecarga de cores

Embora as cores sejam importantes, usar muitas cores diferentes pode criar confusão e distração. Manter a simplicidade é essencial.

> **Exemplo prático**: Limitar a paleta de cores a três ou quatro cores principais pode ajudar a criar um design coeso e agradável, evitando a sobrecarga visual.

Guiando a atenção do público

Usar cores para guiar a atenção do público e destacar elementos importantes pode melhorar a usabilidade do material publicitário.

Exemplo prático: Usar uma cor contrastante para chamadas à ação pode ajudar o público a identificar facilmente onde focar sua atenção e como agir.

Adaptando as cores ao público-alvo

Considerar o público-alvo e adaptar as cores de acordo com suas preferências e percepções culturais pode melhorar a eficácia da publicidade impressa.

Exemplo prático: Em uma campanha publicitária voltada para um público jovem, usar cores vibrantes e energéticas como laranja e roxo pode ser mais eficaz. Para um público corporativo, cores como azul e cinza podem transmitir mais profissionalismo e confiança.

As cores são uma ferramenta poderosa na publicidade impressa, capazes de influenciar a percepção do público, a atenção e a ação. Entender os efeitos psicológicos das cores e aplicá-las estrategicamente pode melhorar significativamente a eficácia dos seus materiais publicitários, proporcionando uma experiência de usuário mais envolvente e impactante.

Compreender o impacto das cores na publicidade impressa é uma peça essencial na sua estratégia de comunicação. No próximo capítulo, vamos explorar a importância dos testes A/B com cores.

TESTES A/B COM CORES

Os testes A/B são uma ferramenta valiosa para entender como diferentes escolhas de cores podem influenciar o comportamento do público e a eficácia das campanhas de marketing. Realizar testes A/B permite que você compare duas versões de um elemento para determinar qual delas performa melhor. Neste capítulo, vamos explorar como realizar testes A/B com cores para otimizar suas campanhas de marketing, garantindo que suas escolhas de cores maximizem a conversão e a eficácia. Você aprenderá a implementar esses testes de maneira eficaz para obter insights valiosos e alcançar resultados mais positivos.

O IMPACTO DOS TESTES A/B COM CORES

Características dos testes A/B

Os testes A/B envolvem a criação de duas versões de um elemento (por exemplo, um botão, um anúncio ou uma página de destino), cada uma com uma cor diferente. Ao dividir seu público em dois grupos e apresentar uma versão diferente a cada grupo, você pode medir qual cor gera melhores resultados em termos de cliques, conversões e outros indicadores de desempenho.

Emocional e psicológico

- **Preferências do público**: Testar diferentes cores pode revelar quais são mais atraentes e eficazes para seu público-alvo específico.

- **Ajuste de mensagens**: Ajustar as cores com base nos resultados dos testes pode melhorar a clareza e o impacto das suas mensagens de marketing.
- **Otimização contínua**: Realizar testes A/B regularmente permite otimizar continuamente suas campanhas, ajustando as cores para maximizar a eficácia.

APLICAÇÕES PRÁTICAS DOS TESTES A/B COM CORES

Seleção de elementos para teste

Escolher quais elementos testar é o primeiro passo. Botões de chamada à ação, títulos, banners e fundos são bons pontos de partida.

> **Exemplo prático**: Testar duas versões de um botão de chamada à ação, uma em vermelho e outra em verde, para ver qual cor gera mais cliques.

Definição de métricas de sucesso

Definir métricas claras para medir o sucesso dos testes é essencial. Isso pode incluir taxas de clique, taxas de conversão, tempo gasto na página e outras métricas relevantes para seus objetivos.

> **Exemplo prático**: Medir a taxa de cliques em um botão de chamada à ação para

determinar qual cor é mais eficaz em gerar engajamento.

Implementação dos testes A/B

Dividir seu público em dois grupos de forma aleatória e apresentar uma versão diferente a cada grupo. Certifique-se de que o teste seja executado em condições controladas para obter resultados precisos.

> **Exemplo prático**: Usar uma plataforma de teste A/B para criar duas versões de uma página de destino, uma com um fundo azul e outra com um fundo branco, e monitorar o desempenho de cada versão.

Análise dos resultados

Após coletar dados suficientes, analisar os resultados para determinar qual cor performou melhor. Use essas informações para fazer ajustes informados nas suas campanhas de marketing.

> **Exemplo prático**: Analisar os dados de um teste A/B que comparou um banner vermelho com um banner amarelo e descobrir que o banner vermelho gerou uma taxa de conversão 15% maior.

ESTRATÉGIAS DE USO DOS TESTES A/B COM CORES

Iteração e melhoria contínua

Realizar testes A/B continuamente para ajustar e melhorar suas campanhas de marketing. Cada rodada de testes deve basear-se nos resultados anteriores para otimizar ainda mais a eficácia.

> **Exemplo prático**: Depois de determinar que o botão verde performa melhor que o botão vermelho, testar diferentes tons de verde para encontrar a versão mais eficaz.

Testando diferentes cores para diferentes públicos

Segmentar seu público e realizar testes A/B específicos para cada segmento pode fornecer insights mais precisos e permitir personalizações mais eficazes.

> **Exemplo prático**: Realizar testes A/B com diferentes cores de fundo para públicos jovens e mais velhos, descobrindo que o público jovem prefere cores vibrantes enquanto o público mais velho prefere cores mais suaves.

Aplicação dos resultados

Implementar os resultados dos testes A/B em suas campanhas de marketing para maximizar a eficácia e garantir que suas escolhas de cores estejam alinhadas com as preferências do seu público.

Exemplo prático: Após determinar que uma chamada à ação em azul gera mais cliques, implementar essa cor em todas as suas campanhas de email marketing para aumentar a taxa de resposta.

Os testes A/B com cores são uma ferramenta poderosa para otimizar suas campanhas de marketing. Entender os efeitos das cores e aplicar os resultados dos testes de maneira estratégica pode melhorar significativamente a eficácia das suas campanhas, proporcionando uma experiência mais envolvente e impactante para seu público.

Compreender o impacto dos testes A/B com cores é uma peça essencial na sua estratégia de marketing. No próximo capítulo, vamos explorar como evitar erros comuns na escolha de cores.

EVITANDO ERROS COMUNS COM CORES

A escolha de cores é um aspecto crucial no design de qualquer material de comunicação, desde websites até campanhas de marketing e apresentações. No entanto, é fácil cometer erros que podem comprometer a eficácia da sua mensagem. Neste capítulo, vamos explorar os erros mais comuns na escolha de cores e como evitá-los, garantindo que suas decisões de design sejam eficazes e apropriadas para seu público e contexto. Você aprenderá a identificar e evitar armadilhas comuns, melhorando significativamente a eficácia das suas comunicações.

ERROS COMUNS NA ESCOLHA DE CORES

Uso excessivo de cores vibrantes

Cores vibrantes podem capturar a atenção, mas seu uso excessivo pode criar confusão e distração, tornando difícil para a audiência focar na mensagem principal.

Erro comum: Usar muitas cores brilhantes em um único material, resultando em um design visualmente confuso e cansativo para o público.

Como evitar: Limite o uso de cores vibrantes a elementos específicos que você deseja destacar, como chamadas à ação ou pontos-chave, e mantenha o restante do design mais neutro.

Falta de contraste

A falta de contraste entre as cores pode dificultar a leitura e a compreensão das informações, especialmente para pessoas com deficiências visuais.

>**Erro comum**: Usar cores semelhantes para texto e fundo, tornando o conteúdo difícil de ler.

>**Como evitar**: Certifique-se de que há um contraste suficiente entre o texto e o fundo. Use ferramentas de verificação de contraste para garantir que suas escolhas de cores sejam acessíveis.

Ignorar significados culturais

As cores têm diferentes significados culturais, e ignorar essas associações pode levar a mal-entendidos ou ofensas.

>**Erro comum**: Usar uma cor que tem conotações negativas em uma cultura específica sem considerar o público-alvo.

>**Como evitar**: Pesquise as associações culturais das cores no mercado-alvo e ajuste suas escolhas de acordo para evitar conotações negativas.

Incoerência com a identidade da marca

A incoerência nas cores pode enfraquecer a identidade da marca e confundir o público, comprometendo o reconhecimento e a credibilidade.

Erro comum: Usar cores que não estão alinhadas com a paleta de cores da marca em diferentes materiais de comunicação.

Como evitar: Desenvolva um guia de estilo que inclua a paleta de cores da marca e certifique-se de que todos os materiais de comunicação sigam essas diretrizes.

Subestimar o espaço em branco

O espaço em branco é essencial para um design equilibrado e legível, mas muitas vezes é subestimado ou ignorado.

Erro comum: Preencher todos os espaços com cores e elementos visuais, resultando em um design sobrecarregado.

Como evitar: Use o espaço em branco para criar equilíbrio e destacar as informações importantes, garantindo uma experiência visual mais agradável e organizada.

ESTRATÉGIAS PARA EVITAR ERROS COMUNS

Testar diferentes combinações de cores

Antes de finalizar suas escolhas de cores, teste diferentes combinações para ver quais funcionam melhor em termos de legibilidade, contraste e impacto visual.

Exemplo prático: Use ferramentas online como Adobe Color ou Coolors para experimentar diferentes paletas de cores e encontrar combinações que funcionem bem juntas.

Realizar testes de acessibilidade

Garantir que suas escolhas de cores sejam acessíveis para todos os usuários, incluindo aqueles com deficiências visuais, é crucial para a eficácia da comunicação.

Exemplo prático: Utilize ferramentas de verificação de contraste, como o WebAIM Contrast Checker, para garantir que suas escolhas de cores atendam aos padrões de acessibilidade.

Considerar o contexto de uso

As cores que funcionam bem em um contexto podem não ser eficazes em outro. Considere onde e como suas cores serão vistas e ajustadas de acordo.

> **Exemplo prático**: Uma cor que parece ótima em uma tela de computador pode não funcionar tão bem em impressão. Teste suas cores em diferentes formatos e mídias para garantir consistência e eficácia.

Manter a simplicidade

Menos é mais quando se trata de design de cores. Manter a simplicidade pode ajudar a garantir que sua mensagem seja clara e fácil de entender.

> **Exemplo prático**: Limite sua paleta de cores a três ou quatro cores principais e use variações dessas cores para criar profundidade e interesse sem sobrecarregar o design.

Alinhar com a psicologia das cores

Escolher cores que se alinhem com as emoções e mensagens que você deseja transmitir pode melhorar a eficácia da sua comunicação.

> **Exemplo prático**: Se você deseja transmitir calma e confiança, usar azul pode ser mais eficaz. Para transmitir energia e ação,

vermelho ou laranja podem ser mais apropriados.

Evitar erros comuns na escolha de cores é essencial para garantir que suas comunicações sejam eficazes, claras e apropriadas para seu público e contexto. Entender os efeitos psicológicos das cores e aplicar esse conhecimento de maneira estratégica pode melhorar significativamente a eficácia das suas interações e garantir resultados positivos.

Compreender como evitar erros comuns na escolha de cores é uma peça essencial na sua estratégia de comunicação. No próximo capítulo, vamos explorar a importância da acessibilidade ao escolher cores para comunicação.

CORES E ACESSIBILIDADE: GARANTINDO INCLUSÃO EM SUAS COMUNICAÇÕES

A acessibilidade é um aspecto crucial do design inclusivo, garantindo que suas comunicações sejam eficazes e acessíveis para todas as pessoas, independentemente de suas capacidades visuais. A escolha correta das cores pode melhorar significativamente a experiência do usuário, tornando as informações mais legíveis e compreensíveis. Neste capítulo, vamos explorar a importância da acessibilidade ao escolher cores para comunicação e como você pode garantir que suas escolhas sejam inclusivas. Você aprenderá a aplicar práticas de design acessível para alcançar um público mais amplo e garantir que suas mensagens sejam recebidas claramente.

A IMPORTÂNCIA DA ACESSIBILIDADE NAS CORES

Características das cores no design acessível

As cores desempenham um papel vital na forma como as informações são percebidas e compreendidas. No entanto, para muitas pessoas com deficiências visuais, certas combinações de cores podem ser difíceis de distinguir. Garantir que suas escolhas de cores sejam acessíveis é essencial para criar comunicações inclusivas e eficazes.

Emocional e psicológico

- **Legibilidade e clareza**: Cores acessíveis melhoram a legibilidade e a clareza das informações, facilitando a compreensão para todos os usuários.

- **Inclusão e igualdade**: Escolher cores acessíveis promove inclusão e igualdade, garantindo que ninguém seja excluído de acessar e entender suas comunicações.
- **Confiança e profissionalismo**: Demonstrar um compromisso com a acessibilidade pode melhorar a percepção de sua marca, transmitindo confiança e profissionalismo.

APLICAÇÕES PRÁTICAS DAS CORES ACESSÍVEIS

Escolha de cores com contraste adequado

O contraste entre o texto e o fundo é um fator crítico para a legibilidade. Cores com baixo contraste podem ser difíceis de ler, especialmente para pessoas com deficiências visuais.

Exemplo prático: Usar texto escuro em fundo claro ou texto claro em fundo escuro pode melhorar a legibilidade. Ferramentas como o WebAIM Contrast Checker podem ajudar a garantir que suas combinações de cores atendam aos padrões de contraste.

Evitando dependência exclusiva de cores

Não depender exclusivamente de cores para transmitir informações é essencial para garantir a acessibilidade. Inclua outros indicadores visuais, como ícones ou padrões, para complementar as cores.

> **Exemplo prático**: Em gráficos e tabelas, use texturas ou formas diferentes para distinguir entre categorias, além de cores diferentes. Isso garante que as informações sejam compreensíveis mesmo para aqueles que não conseguem distinguir as cores.

Escolhendo paletas de cores acessíveis

Paletas de cores bem escolhidas podem ajudar a garantir que suas comunicações sejam acessíveis para todos os usuários. Considere o uso de cores que sejam facilmente distinguíveis entre si.

> **Exemplo prático**: Ferramentas como o ColorBrewer oferecem paletas de cores pré-selecionadas que são projetadas para serem acessíveis e visualmente agradáveis.

ESTRATÉGIAS DE USO DE CORES ACESSÍVEIS

Testes de acessibilidade

Realizar testes de acessibilidade é essencial para garantir que suas escolhas de cores sejam eficazes para todos os usuários. Use ferramentas e técnicas de teste para identificar e corrigir problemas de acessibilidade.

Exemplo prático: Utilize simuladores de daltonismo para ver como suas escolhas de cores aparecem para pessoas com diferentes tipos de deficiência visual e faça ajustes conforme necessário.

Educação e sensibilização

Educar sua equipe sobre a importância da acessibilidade e como aplicar práticas de design acessível pode garantir que suas comunicações sejam inclusivas e eficazes.

Exemplo prático: Ofereça treinamentos e workshops sobre acessibilidade no design, incluindo a escolha de cores acessíveis e o uso de ferramentas de verificação de contraste.

Revisão e melhoria contínua

Acessibilidade é um processo contínuo. Revisar regularmente suas comunicações e fazer melhorias contínuas pode garantir que você esteja sempre atendendo às necessidades de todos os usuários.

Exemplo prático: Realize auditorias periódicas de acessibilidade em seus materiais de comunicação e faça ajustes conforme necessário para manter a conformidade com os padrões de acessibilidade.

A escolha de cores acessíveis é fundamental para garantir que suas comunicações sejam inclusivas e eficazes para todos os usuários. Entender os princípios de design acessível e aplicá-los estrategicamente pode melhorar significativamente a experiência do usuário, promovendo inclusão e igualdade.

Compreender a importância da acessibilidade nas cores é uma peça essencial na sua estratégia de comunicação. No próximo capítulo, vamos explorar como integrar cores na estratégia de comunicação de maneira eficaz.

INTEGRANDO CORES NA ESTRATÉGIA DE COMUNICAÇÃO

As cores têm um impacto profundo na maneira como comunicamos e influenciamos percepções. Ao longo deste livro, exploramos como diferentes cores podem ser usadas estrategicamente em diversos contextos, desde negociações e marketing até web design e apresentações. Agora, é hora de integrar todas essas informações e criar uma abordagem coesa para usar cores de maneira eficaz em sua estratégia de comunicação. Neste capítulo, vamos recapitular a importância das cores e fornecer orientações práticas para integrá-las de forma estratégica em suas práticas de comunicação e negociação.

RECAPITULAÇÃO DA IMPORTÂNCIA DAS CORES

Influência das cores na percepção e comportamento

As cores têm o poder de evocar emoções, influenciar comportamentos e moldar percepções. Cada cor carrega associações psicológicas específicas que podem ser aproveitadas para transmitir mensagens claras e impactantes.

- **Vermelho**: Energia, urgência, paixão.
- **Azul**: Confiança, segurança, calma.
- **Verde**: Harmonia, crescimento, sustentabilidade.
- **Amarelo**: Otimismo, criatividade, atenção.
- **Rosa**: Tranquilidade, acolhimento, suavidade.
- **Preto**: Sofisticação, autoridade, luxo.
- **Branco**: Clareza, simplicidade, pureza.

APLICAÇÕES PRÁTICAS DAS CORES

Vimos como diferentes setores e contextos podem se beneficiar do uso estratégico das cores:

- **Negociações**: Criar ambientes de confiança e empatia.
- **Marketing e branding**: Fortalecer a identidade da marca e aumentar a eficácia das campanhas.
- **Web design**: Melhorar a experiência do usuário e aumentar as taxas de conversão.
- **Apresentações**: Manter a atenção da audiência e transmitir mensagens claras.
- **Publicidade impressa**: Destacar informações e garantir a clareza.
- **Acessibilidade**: Garantir que todos possam acessar e compreender as informações.

INTEGRAÇÃO DE CORES NA ESTRATÉGIA DE COMUNICAÇÃO

Desenvolvimento de uma paleta de cores coesa

Uma paleta de cores coesa é essencial para manter a consistência visual e fortalecer a identidade da sua marca. Escolha cores que representem os valores e a personalidade da sua marca e que possam ser aplicadas de forma versátil em diferentes contextos.

Exemplo prático: Criar uma paleta de cores primária com 3 a 5 cores principais que representam sua marca, acompanhadas de uma paleta secundária para variações e acentos.

Aplicação consistente das cores

Garanta que as cores escolhidas sejam aplicadas de maneira consistente em todos os materiais de comunicação, desde o site e materiais impressos até as redes sociais e apresentações.

Exemplo prático: Desenvolver um guia de estilo que inclua diretrizes claras sobre o uso das cores, garantindo que todos os materiais de comunicação sigam as mesmas regras visuais.

Adaptação às preferências do público

Considere as preferências e percepções do seu público-alvo ao escolher cores. Diferentes grupos demográficos e culturais podem ter associações distintas com certas cores, e adaptar-se a essas nuances pode aumentar a eficácia da sua comunicação.

Exemplo prático: Realizar pesquisas de mercado para entender as preferências de cores do seu público-alvo e ajustar suas escolhas de acordo.

Uso de ferramentas de design e testes

Utilize ferramentas de design e testes para experimentar diferentes combinações de cores e avaliar sua eficácia. Ferramentas como Adobe Color, Coolors e plataformas de testes A/B podem ajudar a encontrar as combinações ideais para suas necessidades.

> **Exemplo prático**: Realizar testes A/B com diferentes paletas de cores em campanhas de marketing para identificar quais combinações geram melhores resultados.

Consideração da acessibilidade

Certifique-se de que suas escolhas de cores sejam acessíveis para todos os usuários, incluindo aqueles com deficiências visuais. Garantir alto contraste e evitar a dependência exclusiva de cores para transmitir informações são práticas essenciais.

> **Exemplo prático**: Usar ferramentas de verificação de contraste e simuladores de daltonismo para garantir que suas cores atendam aos padrões de acessibilidade.

Integrar cores de maneira estratégica em sua comunicação é essencial para transmitir mensagens claras, envolver seu público e alcançar seus objetivos. As cores têm o poder de influenciar percepções e comportamentos, e usar esse poder de forma consciente pode transformar a maneira como você se comunica e negocia.

Aplique os conhecimentos adquiridos neste livro para desenvolver e implementar uma estratégia de comunicação eficaz que utilize cores de maneira inteligente e estratégica. Lembre-se de adaptar suas escolhas de cores às necessidades e preferências do seu público, garantindo acessibilidade e consistência em todos os seus materiais de comunicação.

Obrigado por acompanhar esta jornada sobre o poder das cores na comunicação e negociação. Que suas futuras interações sejam coloridas, impactantes e bem-sucedidas!

CAPÍTULO BÔNUS: APLICAÇÃO DIÁRIA DE CORES NÃO CONVENCIONAIS

Enquanto cores tradicionais como azul, vermelho, verde e branco têm suas aplicações bem estabelecidas, há um mundo de cores menos convencionais que podem ser exploradas para trazer novos níveis de impacto e originalidade à sua comunicação e negociação. Neste capítulo bônus, vamos explorar como aplicar cores não convencionais de maneira eficaz em seu dia a dia, potencializando suas interações e se destacando em ambientes competitivos. Você aprenderá a usar essas cores de maneira estratégica para capturar a atenção, evocar emoções específicas e diferenciar sua mensagem.

A IMPORTÂNCIA DAS CORES NÃO CONVENCIONAIS

Características das cores não convencionais

Cores não convencionais como turquesa, púrpura, coral e oliva, entre outras, podem trazer frescor e inovação às suas comunicações. Estas cores são menos comuns e, por isso, podem capturar a atenção de maneira única e deixar uma impressão duradoura.

Emocional e psicológico

- **Originalidade e inovação**: Cores não convencionais podem transmitir uma imagem de criatividade e inovação, diferenciando você ou sua marca de concorrentes mais tradicionais.

- **Surpresa e interesse**: Estas cores podem surpreender e despertar o interesse do público, fazendo com que prestem mais atenção à sua mensagem.
- **Personalidade e caráter**: Usar cores não convencionais pode ajudar a comunicar uma personalidade única e um caráter distinto, fortalecendo sua identidade visual.

APLICAÇÕES PRÁTICAS DE CORES NÃO CONVENCIONAIS

Turquesa: equilíbrio e claridade

O turquesa é uma cor que combina a calma do azul com a energia do verde, criando uma sensação de frescor e equilíbrio.

Exemplo prático: Use turquesa em apresentações para transmitir clareza e criatividade, especialmente em contextos de brainstorming ou quando introduzir novas ideias.

Púrpura: luxo e criatividade

O púrpura é tradicionalmente associado à realeza, luxo e criatividade. É uma cor poderosa que pode evocar uma sensação de exclusividade e inovação.

Exemplo prático: Use púrpura em materiais de marketing para produtos premium ou em eventos de lançamento para criar uma atmosfera de exclusividade e criatividade.

Coral: energia e acolhimento

O coral é uma cor quente e acolhedora que combina a energia do laranja com a suavidade do rosa. É ideal para criar uma sensação de bem-estar e entusiasmo.

Exemplo prático: Use coral em comunicações internas para motivar a equipe ou em materiais promocionais para eventos comunitários, criando um ambiente amigável e energético.

Oliva: estabilidade e sofisticação

O oliva é um tom de verde associado à natureza e à estabilidade, com um toque de sofisticação. É uma cor que pode transmitir segurança e confiança de forma sutil.

Exemplo prático: Use oliva em apresentações corporativas ou documentos estratégicos para comunicar estabilidade e confiança, sem a formalidade excessiva do verde escuro.

ESTRATÉGIAS DE USO DE CORES NÃO CONVENCIONAIS

Integrando cores não convencionais em marca e marketing

Adicionar cores não convencionais à paleta da sua marca pode diferenciar sua identidade visual e atrair a atenção de novos públicos.

> **Exemplo prático**: Atualize seu logotipo ou materiais de marketing com toques de cores não convencionais para modernizar a aparência da sua marca e atrair a atenção em um mercado saturado.

Usando cores não convencionais em apresentações

Incorporar cores não convencionais em suas apresentações pode ajudar a manter a atenção da audiência e tornar suas ideias mais memoráveis.

> **Exemplo prático**: Use uma combinação de turquesa e coral para destacar pontos-chave e gráficos em sua próxima apresentação, criando um visual fresco e envolvente.

Aplicação em ambientes de trabalho

Aplicar cores não convencionais na decoração de ambientes de trabalho pode aumentar a criatividade e a satisfação dos colaboradores.

Exemplo prático: Pinte uma parede do escritório em um tom de púrpura ou turquesa para estimular a criatividade e a inovação entre sua equipe.

As cores não convencionais oferecem uma oportunidade única para diferenciar sua comunicação e deixar uma impressão duradoura. Ao integrá-las de maneira estratégica, você pode transmitir originalidade, criatividade e inovação, capturando a atenção de seu público e destacando-se em um ambiente competitivo.

Experimente incorporar cores não convencionais em seus próximos projetos de comunicação e observe como elas impactam a percepção e o engajamento do seu público. Lembre-se de testar e ajustar suas escolhas de cores para garantir que elas sejam eficazes e apropriadas para seu contexto e público.

CAPÍTULO BÔNUS: VESTINDO-SE PARA O SUCESSO

A forma como você se veste pode ter um impacto significativo na percepção que os outros têm de você e no sucesso de suas interações. As cores das roupas que você escolhe são uma parte importante dessa equação, transmitindo mensagens sutis, mas poderosas, sobre sua personalidade, intenções e estado de espírito. Neste capítulo bônus, vamos explorar como escolher as cores de roupas certas para diferentes intenções e contextos, ajudando você a se vestir para o sucesso em todas as suas interações.

A IMPORTÂNCIA DAS CORES NAS ROUPAS

Características das cores no vestuário

As cores das roupas influenciam a forma como somos percebidos pelos outros e podem afetar nosso próprio estado de espírito e confiança. Cada cor carrega associações psicológicas específicas que podem ser aproveitadas para transmitir diferentes mensagens e intenções.

Emocional e psicológico

- **Confiança e autoridade:** Cores como azul escuro e preto podem transmitir confiança e autoridade.
- **Acolhimento e empatia:** Cores como rosa e azul claro podem evocar sentimentos de empatia e acolhimento.

- **Energia e dinamismo**: Cores como vermelho e laranja podem transmitir energia e dinamismo.
- **Calma e clareza**: Cores como branco e cinza podem criar uma sensação de calma e clareza.

VESTINDO-SE PARA DIFERENTES INTENÇÕES

Reuniões de negócios: transmitindo confiança e autoridade

Para reuniões de negócios, especialmente aquelas que envolvem negociações ou apresentações importantes, é crucial transmitir confiança e autoridade.

Sugestão de cores:

- **Azul escuro**: Um terno ou blazer azul escuro pode ajudar a transmitir confiança e profissionalismo.
- **Preto**: Usar preto pode adicionar uma sensação de autoridade e sofisticação.
- **Cinza**: O cinza é uma cor neutra que também transmite seriedade e profissionalismo.

Exemplo prático: Para uma reunião de apresentação de um projeto importante, um terno azul escuro com uma camisa branca e uma gravata cinza pode criar uma impressão de competência e autoridade.

Entrevistas de emprego: transmitindo competência e acessibilidade

Em entrevistas de emprego, você quer transmitir competência e profissionalismo, mas também acessibilidade e empatia.

Sugestão de cores:

- **Azul claro**: Azul claro pode transmitir confiança e acessibilidade.
- **Cinza**: Cinza é uma escolha segura que transmite seriedade e profissionalismo.
- **Branco**: Uma camisa branca é sempre uma escolha clássica e confiável.

Exemplo prático: Para uma entrevista, um blazer cinza combinado com uma camisa azul claro e calças pretas pode criar uma impressão de profissionalismo e acessibilidade.

Eventos criativos: transmitindo criatividade e energia

Para eventos criativos, como workshops, conferências de design ou brainstormings, você pode querer transmitir criatividade e energia.

Sugestão de cores:

- **Laranja**: Laranja é uma cor energética que pode estimular a criatividade.
- **Roxo**: Roxo é associado à criatividade e inovação.
- **Turquesa**: Turquesa combina a calma do azul com a energia do verde, ideal para ambientes criativos.

Exemplo prático: Para um workshop de design, uma camisa laranja vibrante combinada com jeans e um blazer turquesa pode transmitir energia e criatividade.

Reuniões informais: transmitindo empatia e acolhimento

Em reuniões informais ou encontros de networking, é importante parecer acessível e acolhedor.

Sugestão de cores:

- **Rosa**: Rosa é uma cor suave que transmite empatia e acolhimento.
- **Bege**: Bege é uma cor neutra e acolhedora que pode transmitir calor.
- **Verde claro**: Verde claro transmite tranquilidade e acessibilidade.

Exemplo prático: Para um encontro de networking, uma blusa rosa pastel combinada com calças bege pode criar uma impressão de acessibilidade e acolhimento.

Apresentações em público: transmitindo energia e envolvimento

Quando você está apresentando em público, é importante manter a atenção da audiência e transmitir energia.

Sugestão de cores:

- **Vermelho**: Vermelho é uma cor que chama a atenção e transmite energia.
- **Laranja**: Laranja é vibrante e pode ajudar a manter o público engajado.
- **Amarelo**: Amarelo é otimista e pode criar uma atmosfera positiva.

Exemplo prático: Para uma apresentação em público, um vestido vermelho ou uma gravata laranja pode ajudar a manter a atenção da audiência e transmitir energia.

ESTRATÉGIAS DE USO DAS CORES NO VESTUÁRIO

Combinando cores de forma estratégica

Combinar cores de forma estratégica pode ajudar a maximizar o impacto do seu vestuário. Usar cores complementares ou contrastantes pode criar um visual equilibrado e atraente.

> **Exemplo prático**: Combinar um blazer azul com uma camisa branca e uma gravata vermelha pode criar um contraste elegante e transmitir confiança e autoridade.

Adaptando-se ao contexto

Considere o contexto e a cultura do ambiente em que você estará. Diferentes indústrias e eventos podem ter expectativas diferentes em relação ao vestuário.

> **Exemplo prático**: Em uma indústria criativa, usar cores vibrantes pode ser mais aceitável, enquanto em um ambiente corporativo tradicional, cores mais neutras e clássicas podem ser mais apropriadas.

Uso de acessórios para complementar o look

Os acessórios podem ser usados para adicionar toques de cor ao seu vestuário, permitindo que você ajuste o impacto das cores de forma sutil.

Exemplo prático: Usar um lenço colorido ou uma gravata vibrante pode adicionar um toque de cor ao seu look sem exagerar.

Escolher as cores certas para o seu vestuário pode ter um impacto significativo na forma como você é percebido e no sucesso de suas interações. Entender as associações psicológicas das cores e aplicá-las de forma estratégica pode ajudar você a se destacar, transmitir a mensagem certa e alcançar seus objetivos.

Experimente diferentes combinações de cores em seu vestuário diário e observe como elas afetam suas interações e a percepção das pessoas ao seu redor. Lembre-se de adaptar suas escolhas de cores ao contexto e às suas intenções, garantindo que você sempre se vista para o sucesso.

Obrigado por acompanhar este capítulo bônus sobre como escolher as cores de roupas certas para cada intenção. Que suas futuras interações sejam ainda mais impactantes e bem-sucedidas, com a ajuda das cores!

Ao virarmos a última página desta jornada juntos, espero sinceramente que os aprendizados compartilhados aqui tenham tocado seu coração e despertado novas perspectivas. Se este livro lhe trouxe algum valor, peço gentilmente que dedique alguns momentos para deixar sua avaliação na Amazon. Suas palavras não apenas me ajudam a crescer e aprimorar minha arte, mas também guiam outros leitores em suas buscas por conhecimento e inspiração. Sua opinião é um presente valioso, tanto para mim quanto para a comunidade de leitores em busca de histórias que transformam. Agradeço de coração por compartilhar esta jornada comigo e espero que possamos nos encontrar novamente nas páginas de uma nova aventura.

REGINALDO OSNILDO

Olá, sou Reginaldo Osnildo, autor e inovador nas áreas de vendas, tecnologia, e estratégias de comunicação. Minha experiência abrange desde o ambiente acadêmico, como professor e pesquisador na Universidade do Sul de Santa Catarina, até a prática como estrategista no Grupo Catarinense de Rádios. Com um doutorado em narrativas de vendas e convergência digital, e um mestrado em storytelling e imaginário social, eu trago para meus leitores uma fusão única entre teoria e prática. Meu objetivo é fornecer conhecimento em uma linguagem simples, prática e didática, incentivando a aplicação direta na vida pessoal e profissional.

Atenciosamente

Reginaldo Osnildo

www.ingramcontent.com/pod-product-compliance
Lightning Source LLC
Chambersburg PA
CBHW052158220526
45471CB00004B/1727